AF218443

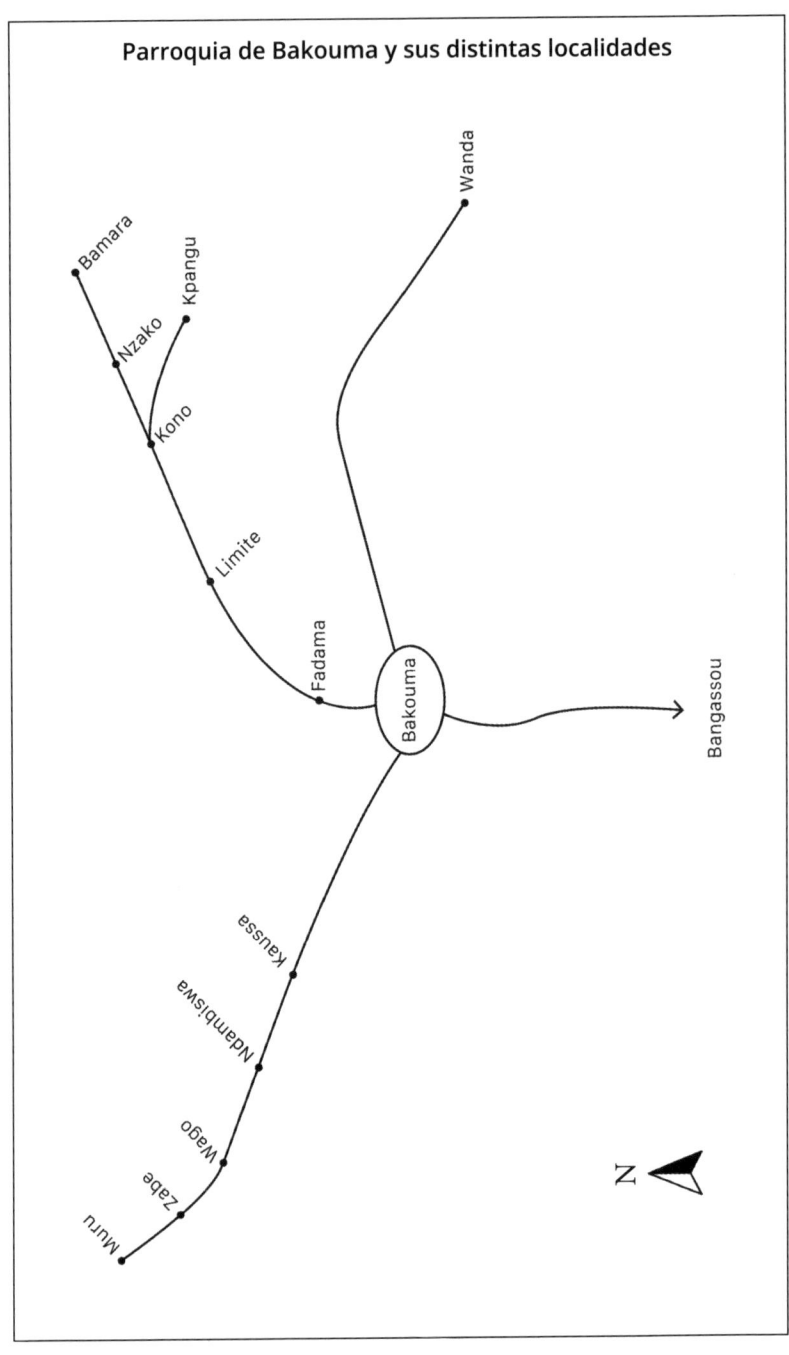

Parroquia de Bakouma y sus distintas localidades

Gaétan Kabasha

UN SACERDOTE
ENTRE DOS MUNDOS

Nueva Eva

www.nuevaeva.es
martamoreno@nuevaeva.es

Revisión del texto: Marta Moreno Candel
Ilustración y diseño de cubierta: Irene Cantero
Diseño y maquetación: José S. Cantero

ISBN: 978-84-128048-0-5
Depósito Legal: M-9368-2024
Impresión: Campillo Nevado S.A.

Printed in Spain — Impreso en España

Todo lo que se narra en este libro es absolutamente verídico.

Quiero expresar mi agradecimiento a todos los que intervinieron en mi experiencia vital durante los años que estuve en la parroquia de Bakouma y a todos los que han hecho posible esta publicación. Mi deseo es que este libro nos ayude a salir de nosotros mismos y a proyectar nuestra mirada hacia el mundo, para entender que todos formamos parte de una misma humanidad y estamos en una misma peregrinación hacia la eternidad divina.

ÍNDICE

1. MI LLEGADA A LA MISIÓN 11
El viajero sin papeles 13
Un país herido 18
Viaje a través de las maravillas de la naturaleza 21
La ordenación 23
Descubrir la misión 27
Bakouma, ciudad maldita 31
Una acogida especial 37

2. LA DIVERSIDAD DE LA PARROQUIA DE BAKOUMA .. 41
Mi primer viaje a Nzako 43
No somos compradores de diamantes 46
La pobreza de una ciudad llena de diamantes 47
Una serpiente en la noche 51
Las minas del mineral más duro de la Tierra 52
Viaje de ida en avión, vuelta andando 55
Revisitar el pasado 59
Mi primer viaje en moto 62
La mejor manera de viajar en África es andando...
a veces 67
Una cama pasada por agua 71
Una escuela para Bamara 72
Jesús, tumbado en un jergón 74
Los salteadores de caminos 77
El mono de Kono 78
Un cadáver en nuestra ruta hacia Kpangu 83

El Santísimo en casa de un hechicero 84
La venganza de los *zande* 87
La sanación de Jean Pierre 88

3. MI CONTACTO CON EL MUNDO OCULTO 91
El sótano de las creencias 93
El espíritu de los muertos que vuelven a casa 99
Ninguna muerte es natural 101
Cuando el funeral es una fiesta 103
Inauguración de una escuela sin ofrecer gallinas
a los espíritus 107
«Eres un hombre blanco con piel negra» 113
La brujería se hereda 116
Una bola de fuego voladora 117
Persecución al brujo Boykota 119
Cuando el diálogo no es posible 123
La bruja Yvonne y el misterio del gendarme
recién llegado 127
El pacto de Duma con el diablo 130
La manifestación del poder de Dios 136
Arsène embrujado 140
Arsène poseído: el exorcismo 143
El despertar de un *casi* muerto 148

4. DE REBELDES, BESTIAS Y OTROS PELIGROS..........153
Mi sueño de hablar de Cristo donde nadie le conocía.....155
Los cazadores de marfil 157
El sacerdote necesita comer y beber como los demás....161
El polígamo convertido 163
El encuentro que abrió la carretera de Wanda
veinte años después 166
Los rebeldes de Joseph Kony 168
Un español tras la línea roja 172
Un episodio de desinformación que me hizo famoso
en todo el país 175

Enemigo público 178
Víctimas de las abejas 182
Un desconocido avisa al padre Innocent y nos rescata ...187
Visita a las aldeas de la diócesis con el hermano David ..189
El ataque de las hormigas rojas 193
La mitad de cada serpiente de mi jardín es mía 197
Una serpiente en la cama de Jacques 199
La serpiente blanca 200
Una serpiente enrollada en los radios de mi bicicleta 202
Una serpiente muy devota 203
Plantas antiserpientes 204
La caza de la boa 206
La pastoral del ladrillo 213
El final de la misión 219

CAPÍTULO 1

MI LLEGADA A LA MISIÓN

El viajero sin papeles

El aeropuerto bulle con un ir y venir de personas de todo tipo, color e idioma. Me pregunto si todo el mundo encontrará sitio en algún avión, porque es evidente que nadie ha venido con intención de regresar a la ciudad. Una voz agradable va llamando a unos y otros, indicando vuelos con destino a todos los rincones del mundo.

El aeropuerto de Madrid es una plataforma de transporte internacional impresionante. Basta con colocarse en el lugar adecuado para ver despegar y aterrizar aviones constantemente. ¿A dónde irán todos esos aviones?, me pregunto. Esta mañana mis sentimientos son una mezcla de alegría y de temor. Vuelvo a África tras cuatro años de estudios en el Seminario Mayor de Madrid. Ahora soy diácono y regreso al continente que me ha visto nacer, donde he pasado tantas alegrías como penas.

Me había marchado de África con la intención de poner tierra de por medio con un trauma que aún me perseguía: el de mi experiencia como refugiado en la región de los Grandes Lagos —que quedó recogida en mi primer libro, *Una mano invisible*—. En algunos momentos, África había significado únicamente miseria y desolación. De hecho, cuatro años antes había pensado que no volvería nunca, pero el tiempo y la meditación habían hecho su trabajo. Y es que el tiempo, esa realidad que nos cuesta entender y definir, es una máquina de «moler» problemas. Se diría que no se le resiste nada. Deshace los nudos y los transforma en enseñanza y riqueza personal. Pasado el tiempo, y con la ayuda del silencio interior y la meditación, a veces podemos extraer aspectos positivos de lo que en un principio solo nos parecían problemas.

Ahora mi planteamiento era distinto. Nadie puede huir de su destino. Es importante volver al sitio donde has resultado herido para darte cuenta de que estás curado. África ya no representaba para mí lo mismo que cuando me fui. Era el lugar donde estaban mis raíces. Tenía nostalgia de los paisajes inmensos, del calor de la gente, del caos aparentemente sin sentido, del ruido incesante de sus habitantes, del llanto de los niños, del grito de los pobres, de los ríos que surgen en cualquier lugar y serpentean entre los bosques, de los miles de pájaros que surcan sus cielos, de los omnipresentes insectos... África es mi tierra, mi gente, mi cultura y mi vida, el único sitio donde me siento verdaderamente vivo. Es mi cuna y también la cuna de la humanidad.

El tiempo me había permitido comprender todo eso y había posibilitado mi vuelta. Era diácono en España, pero sería sacerdote en África. Mi vida sacerdotal transcurriría entre los míos, por lo menos durante un tiempo. Sentía que debía entregar mi tiempo, mis energías y mis ideas a ese trozo del planeta Tierra que parecía arrancado del resto del mundo en lo que a desarrollo se refiere.

Estaba sumido en esas reflexiones en agosto del 2003, mientras esperaba en el aeropuerto de Madrid el avión que me llevaría a la República Centroafricana. Pero tenía miedo, porque mis papeles no estaban en regla. Viajaba como de puntillas, como un sin papeles.

Nunca había tenido un pasaporte. Siempre había viajado con un «Título de viaje» de la Convención de Ginebra, un documento poco conocido por los encargados de controles en los aeropuertos. Se trata de un sustituto del pasaporte para los refugiados. Lo había obtenido en la República Centroafricana debido a mi condición de refugiado ruandés y había podido llegar a España con un visado de estudiante que el obispo de Bangassou me había gestionado a través del consulado de la embajada española en Camerún. Pues bien, ese documento había caducado mientras estudiaba en España.

Todo esto parece un cuento, uno más de los muchos que jalonan mi vida. En 2001, cuando vivía tranquilamente en el Seminario Mayor de Madrid, había pensado en pedir la protección española en sustitución de la de la República Centroafricana. Por consejo de mi abogado, presenté todos mis documentos en la Oficina de Asilo y Refugio, con la esperanza de que la respuesta llegaría pronto. Al disponer de asilo oficial en otro país, y siendo estudiante, creía que mi caso no tropezaría con obstáculos, ya que la República Centroafricana se encontraba sumida en serios problemas de seguridad. ¡Craso error! Mi percepción no era la misma que la de los funcionarios, que habían recuperado mi título de viaje junto con mi tarjeta de refugiado de la República Centroafricana, y en su lugar me habían otorgado un recibo que me permitía circular únicamente por territorio español. No me quedaba otra opción que esperar la resolución.

Durante dos años no recibí respuesta. Cada vez que iba a informarme, me daban la misma contestación: «Tu asunto sigue su curso». Cuanto más tiempo pasaba, mis esperanzas de obtener la protección española se esfumaban. Y ni siquiera los nuevos datos que aporté a mi dosier consiguieron desbloquear la situación.

Mientras tanto, me ordené de diácono en junio del 2003 en la Catedral de la Almudena en Madrid. Tras serias reflexiones, decidí volver a África para ordenarme sacerdote y ejercer allí el ministerio. Sentía un deber para con África, a pesar de mi pasado doloroso.

Me personé entonces en la Oficina del Refugiado para reclamar mi título de viaje y mi tarjeta, y me sorprendió enterarme de que ambos documentos habían caducado. Y no solo eso: sobre mí pesaba una orden de expulsión del territorio español. Tenía quince días para irme antes de ser considerado un delincuente. Todo un diácono de la Iglesia católica, recién ordenado por el cardenal Rouco Varela, ¡y con una orden de expulsión! Además, ¿cómo iba a entrar en África sin un documento de viaje válido? La condición de refugiado, que tantos problemas me había ocasionado en el pasado, me volvía a atrapar en su rueda. Estaba oficialmente expulsado de España, a pesar de que mis documentos habían caducado en manos de los funcionarios, algo de lo que yo no tenía la culpa.

Durante más de un mes busqué una solución, pero nadie me sacaba del vacío jurídico en el que me hallaba. La cuestión era la siguiente: ¿cómo salir de España y pasar los controles en el aeropuerto con un documento de viaje caducado? Y si conseguía viajar, ¿cómo entrar en territorio centroafricano con un título de refugiado caducado? Y si era imposible viajar, ¿cómo quedarme en España con una orden de expulsión? Nadie sabía cómo sacarme del atolladero. Hasta el Defensor del Pueblo, al que acudí, me escribió para confirmarme la expulsión.

Por eso necesitaba decirme a mí mismo: «Si he sobrevivido a la guerra y al genocidio de Ruanda, a la diarrea en los campos de refugiados, y a todas las peripecias en diferentes países, esta pequeña anécdota no puede hundirme». Y no dejaba de repetirme: «Aunque camine por cañadas oscuras, nada temo. Tú vas conmigo. Tu vara y tu cayado me sostienen». Mi Dios, que me había sostenido en todo, no me podía abandonar ahora.

Finalmente, tuve una inspiración: pedir a la embajada de la República Centroafricana un salvoconducto para aterrizar en la capital, Bangui. Pero no había embajada ni consulado centroafricanos en Madrid, por lo que me tenía que dirigir a la embajada centroafricana de París. Pero, ¿cómo llegar a París sin pasaporte? Afortunadamente, un sacerdote centroafricano que vivía en la capital francesa me sacó del abismo, yendo personalmente a la embajada a exponer mi caso. Gracias a Dios, que cuida de los suyos, conseguí el salvoconducto para viajar a Bangui.

En cualquier caso, esta experiencia no era nueva. La primera vez que me subí a un avión tampoco tenía papeles ni pasaporte, ni ningún documento que acreditara mi identidad. Fue en agosto de 1995 en el antiguo Zaire, cuando salí de los campos de refugiados ruandeses de Goma e inicié una aventura que iba a marcar toda mi vida.

Como no podía ser de otra manera, esta insólita expulsión del territorio español me recordó las horas oscuras de mi pasado, donde había tenido que soportar muchas humillaciones con un sentimiento de total impotencia. Como decía, no era la primera vez que me expulsaban de un país ni tampoco sería la última. En 1995 me expulsaron de la República Centroafricana al Zaire; en el año 2008, debido a un título de viaje no reconocido, me expulsarían de Kenia, sin poder salir del aeropuerto. En 2012 estaría tres días retenido en el aeropuerto de Nairobi, siempre debido al mismo documento. Pero no nos adelantemos a los acontecimientos.

Como ya podía viajar a Bangui, tomé el avión. Siempre me han impresionado estos artilugios, capaces de cargar con centenares de personas y toneladas de equipaje, y elevarse en el aire para conectar los continentes en el espacio de unas horas. Las nueve horas de vuelo entre Madrid y Bangui con escala en París no se me hicieron muy largas. Viajamos toda la noche y al amanecer aterrizamos en Bangui.

En la pista estaba esperándome, como había prometido, monseñor Juan José Aguirre, obispo de la diócesis de Bangassou. Había querido estar allí para ayudarme a superar los controles de la policía, porque mi salvoconducto me autorizaba a llegar al aeropuerto, pero a partir de ahí no sabía qué podía encontrarme.

El ambiente en el aeropuerto de Bangui no había cambiado desde mi último viaje. Los viajeros y sus acompañantes se encontraban en la salida y comenzaba el alboroto, hasta el punto de que a los policías les costaba distinguir a quién tenían que controlar, si al viajero o a los que habían venido a recibirle.

Un país herido

Bangui tampoco había cambiado mucho en esos cuatro años. Las mismas calles llenas de baches hacían saltar al coche que nos llevaba al centro misionero de acogida donde yo había reservado una habitación. Se diría que era una gran aldea inmóvil, condenada a no transformarse. Peor todavía, porque en aquella época había tomado el poder por las armas el nuevo presidente, el general François Bozizé. Eran tiempos duros. La guerra lo había devastado todo. Había edificios destruidos a ambos lados de la calle. Los únicos vehículos de valor que circulaban eran de la Iglesia o de las ONGs. Había cortes de luz que iban de barrio en barrio, según las horas que se concedían en función de la capacidad de la única central hidroeléctrica del país. Internet funcionaba solamente en los cibercafés e iba muy despacio. Para enviar un email había que armarse de paciencia. Todo estaba a la baja, salvo el número de sectas. Durante la noche se escuchaban los alaridos de personas rezando en los templos de las distintas sectas, que se habían multiplicado a causa de la pobreza y de la fragilidad psicológica de la población. Hasta el presidente de la República era pastor de una iglesia fundada por él mismo: era presidente, general, pastor y fundador de su iglesia. No pude evitar tener la sensación de que la imagen de África era siempre la misma: la desolación de las guerras, de los conflictos interminables y de las sectas incontrolables que ocultaban la quiebra de los estados. Parecía un eterno renacer de los mismos problemas.

Cuando pregunté qué había pasado, uno de los amigos que vino a buscarme al aeropuerto se asombró de que no estuviera al tanto de los últimos acontecimientos, y me puso al día. «Hemos sufrido una guerra atroz. Todo comenzó por un intento de golpe de Estado apoyado por el antiguo presidente André Kolingba. Pero como no pudo quitar el poder al presidente Patassé, Kolingba atravesó el río Oubangui y se refugió en la República Democrática del Congo, para después pasar a Uganda. Las represalias por el golpe originaron una guerra urbana y una confrontación étnica. Cientos de personas fueron señaladas por el simple hecho de pertenecer a la misma etnia de Kolingba, la etnia *yakoma*. Otros se marcharon al exilio. Cuando parecía que las cosas iban a calmarse, el jefe del Estado mayor del ejército, el general Bozizé, se rebeló, de modo que lo que había comenzado como golpe de Estado se transformó en una guerrilla, y más adelante en una guerra entre centroafricanos. El presidente Patassé, sobrepasado por los acontecimientos e incapaz de organizar su propio ejército, se puso en contacto con el rebelde congoleño Jean Pierre Bemba, quien le envió a sus milicianos, los *banyamulenge*. Estos dejaron heridas difíciles de curar en la memoria colectiva de los centroafricanos: muertes indiscriminadas, violaciones, humillaciones de todo tipo, pillajes. Bangui se convirtió en un lugar terrible. Los centroafricanos se sentían extranjeros en su propia tierra. El presidente, que se empeñaba en llevar la victoria a casa, se obstinaba en prometer la derrota de sus adversarios. En este desorden total, el general Bozizé, al frente de la rebelión, recurrió a Chad y volvió acompañado de militares de este país del norte. Gracias a ellos logró hacerse con el poder en Bangui. La población le acogió como a un libertador y él se instaló cómodamente en el sillón presidencial. Los chadianos, llamados *zakawa*, aprovecharon para saquear todo lo que pudieron como paga por su intervención».

Y esa era la situación cuando yo llegué a Bangui. La República Centroafricana era un país de contrastes en el que cada diez años, más o menos, había un golpe de Estado y un volver a empezar desde cero. No me quedaba otro remedio que volver a adaptarme a unas condiciones de vida totalmente diferentes a las europeas. Había aceptado volver por razones estrictamente religiosas y personales: me sentía en deuda con este país, que en un momento crucial de mi vida me había acogido y adoptado como refugiado. Creía que debía emplear todas mis energías en intentar transformar, aunque fuera modestamente, ese trocito de África que me sería confiado.

Viaje a través de las maravillas de la naturaleza

Tras unos días de descanso en Bangui y después de visitar a antiguos amigos, me puse en camino hacia Bangassou, ciudad situada a 750 km. al este de la capital. La última vez que había recorrido la carretera entre ambas me había quitado las ganas de repetir la experiencia, y después de ver las condiciones en las que se encontraba Bangui, no esperaba encontrarme nada mejor en el interior del país. Las carreteras se habían convertido en pistas forestales y las condiciones de vida de la gente parecían congeladas en un punto remoto de la historia.

En el todoterreno del obispo íbamos cinco personas: un sacerdote, tres diáconos y el conductor, Barthélemy. El obispo, que se había quedado en la capital, nos había otorgado una carta de «orden de misión» para mayor seguridad. Toda la carretera estaba llena de barreras militares. Cada pocos kilómetros tropezábamos con una barrera, bajábamos, nos inspeccionaban y continuábamos. Después de haber atravesado unas cuantas barreras, pedí explicaciones a mis compañeros de ruta. Me contaron que aquello se había convertido en una verdadera plaga. Uno de los motivos era que el país acaba de salir de la guerra. Y además tenía sus ventajas: mientras que los militares se entretenían en extorsionar a los viajeros fuera de la capital, no causaban problemas en la ciudad. Además, frenaban a los salteadores de caminos, bandidos armados que paraban a todos los vehículos que pasaban, robándoles todo lo que podían transportar, y golpeando a algunos pasajeros e incluso matando a los pocos que se atrevían a resistirse. Se escondían en los bosques y no temían a nadie. Se decía que muchos eran desertores del ejército, que habían decidido vivir lejos de los cuarteles y de la disciplina; otros decían que eran militares disfrazados; otros los señalaban como pertenecientes a una tribu nómada, los *peúles*, también conocidos como los *mbororo*. Guardaban sus ganados en el bosque y no se mezclaban con ninguna tribu autóctona. La realidad era que nadie sabía verdaderamente quiénes eran aquellos delincuentes que sembraban el terror en los caminos.

Al oír todas esas explicaciones, me entró un miedo tremendo. Estaba lejos de Europa, donde la seguridad de los bienes y de las personas es una de las prioridades de los gobiernos. Una vez más era consciente de que solo Dios podía constituir mi fuerza y mi esperanza.

Me contaron que los salteadores habían asesinado recientemente a una religiosa congoleña que viajaba de la localidad de Kongbo a Bangui. Habían disparado al coche y la habían alcanzado con una bala. Después, sin preocuparse por el cadáver y sin ninguna compasión, saquearon el vehículo y al resto de ocupantes. El obispo de Bambari, después de enterarse de la noticia, cogió su coche para ir a buscar el cadáver y llevarlo a Bangui. En mitad del camino, los mismos bandidos le pararon y, sin ningún respeto ni por los vivos ni por la religiosa fallecida, le registraron y se quedaron con los objetos de valor. Fue un periodo muy difícil para todos los viajeros que se dirigían al este de la República Centroafricana.

El estado de la carretera por la que viajábamos era desastroso. Los charcos y el lodo nos hacían patinar todo el tiempo. A pesar de la destreza del conductor, cada cien kilómetros teníamos que parar para tomar aire, estirar las piernas y beber agua. Mientras tanto, el coche se iba tiñendo del color rojizo del camino y de los charcos que atravesábamos.

A pesar de los problemas del viaje, no podía dejar de admirar la belleza del paisaje. La República Centroafricana es una maravilla natural en el corazón de África. Todavía tiene muchos lugares vírgenes con una vegetación exuberante. En esos lugares, el ser humano todavía no ha roto su alianza con la naturaleza. Mientras contemplaba aquel paisaje, pensaba que el paraíso, si existiera en la tierra, debía estar en aquella parte de África, un continente donde las personas sonríen en todo momento a pesar de las condiciones de vida, que en otros sitios pueden parecer la encarnación de la miseria.

En algunos de los pueblos donde paramos los niños jugaban descalzos con una pelota de fabricación casera, pegando gritos de alegría. Otros se nos acercaban sonriendo. Algunas mujeres salían de entre la maleza procedentes de los pozos, cargando sobre la cabeza, en perfecto equilibrio, recipientes con agua.

Las aldeas estaban formadas por pequeños grupos de casas levantadas con muros de adobe y techadas con paja, un detalle que dice mucho del nivel de vida. Y sin embargo, a pesar de la pobreza, llamaba la atención la amabilidad de sus habitantes, su espontaneidad, su generosidad al ofrecer agua para beber y su disponibilidad para ayudar. Cuando el coche se atascaba o se estropeaba, siempre se presentaban voluntarios para empujarlo o colaborar en su reparación.

Tras dos días de viaje agotador, llegamos a Bangassou. Gracias a Dios, no nos habíamos topado con bandidos en el camino. Solo tuvimos algún pinchazo ocasional que el chófer solucionó en pocos minutos con mano experta.

La ordenación

Bangassou es una ciudad situada a orillas del río Mbomou, que se une con el Uelé para convertirse en el río Oubangi. Este último rodea la ciudad de Bangui para terminar desembocando en el río Congo. En Bangassou, que parece una gran aldea de 20.000 habitantes, me disponía a recibir la ordenación sacerdotal el 9 de noviembre de 2003. Tenía que preparar bien aquel acontecimiento.

Después de los ejercicios espirituales de rigor, estaba muy tranquilo. Mis compañeros diáconos se afanaban organizando reuniones familiares y recogiendo fondos para hacer de ese día una jornada memorable. Yo no conocía a nadie allí. No tenía ningún familiar en ese país, ningún amigo cercano, ningún compatriota. Nadie hablaba mi lengua y yo solo balbuceaba el sango, la lengua común de los centroafricanos. ¿Cómo iba a preparar una gran fiesta en esas condiciones? Y sin embargo, una voz me susurraba: «No te inquietes. Ya verás como todo se arregla».

Desde el momento en que el obispo me anunció que iba a ser ordenado al cabo de unos meses, yo estaba en la gloria por una razón importante: toda mi vida había querido ser sacerdote. Mis aventuras en Zaire me habían demostrado que Dios no deja de su mano a quien ha atrapado en su amor. Ahora que mi deseo más profundo estaba al alcance de mi mano, mi alma exultaba. El resto importaba muy poco. Teniendo en cuenta el estado de los caminos y la situación del país, pronto me hice a la idea de que no solo a mi familia le sería imposible asistir, sino que tampoco mis amigos ruandeses de la capital podrían acercarse. Habría sido pedirles demasiado. Les comuniqué discretamente la noticia, pero sin insistir mucho. Pensaba buscar un padrino en Bangassou, aunque no tuviera una relación especial conmigo, y presentarme a la ordenación con toda la dignidad del mundo. Así de fácil y sencillo.

Pero a pesar de todos los pronósticos, recibí con inmensa alegría una noticia inesperada: mis padrinos centroafricanos de Bangui se habían puesto en camino dos semanas antes de la ordenación. El matrimonio Nguilelo me había acogido en su casa cuando yo estudiaba en el seminario de Bangui, me había integrado en su familia y me había otorgado el estatus de hijo. Cuando me marché a España, seguí manteniendo con ellos una buena relación. Pero teniendo en cuenta su edad y las malas condiciones de las carreteras, no pensé que pudieran acompañarme.

¡Qué equivocado estaba! Cuando supieron que iba a ordenarme sacerdote, recorrieron todo Bangui buscando el modo de llegar a Bangassou en el menor tiempo posible. Desgraciadamente, solo encontraron negativas. Los coches que iban a venir estaban llenos con los familiares de los conductores o las personas de confianza de los dueños. A pesar de tener todo en contra, ellos se mantuvieron firmes en su compromiso. Finalmente, decidieron montarse en un camión grande de mercancías, sabiendo que tardarían más tiempo en llegar. Viajar en un camión suponía hacerlo en medio de las diversas mercancías, los animales, los bidones de gasolina… Era una apuesta arriesgada, pero decidieron llevarla a cabo. Ese es el precio de la amistad.

La víspera de la ordenación aún no habían llegado porque se habían quedado atascados en el camino. Cuando nos enteramos del percance que habían sufrido con el camión, buscamos dos motos, llenamos los depósitos de combustible y encargamos a los motoristas que se pusieran en marcha por la carretera que iba en dirección a Bangui. Les pedimos que pararan a cualquier camión con el que se cruzaran y que volvieran únicamente tras haber encontrado a los Nguilelo. Salieron a las seis de la tarde. A la mañana siguiente, el matrimonio Nguilelo estaba presente en la ordenación. Son las maravillas que acontecen en algunos lugares donde la vida parece tener un ritmo diferente. Yo no dejaba de dar gracias a Dios, que acababa de hacerme aquel inmenso regalo.

El 9 de noviembre de 2003 la plaza de la catedral de Bangassou estaba llena de gente: católicos, protestantes, musulmanes, paganos, centroafricanos, congoleños. Todos habían venido a asistir a nuestra ordenación. Había niños subidos a los árboles para ver mejor la procesión, que salía de la catedral precedida por bailarinas que se dirigían al podio decorado para el acontecimiento. Incluso vi algunos entre la multitud que llevaban camisetas con mi efigie, y eso que yo no había encargado ninguna. ¿Era una alucinación?

Cuando vi aquella multitud que había venido a arroparnos, me pareció escuchar la voz de Dios, que me susurraba dulcemente: «¿Has visto lo bueno que es el sacerdocio? No has invitado a nadie a esta fiesta, y mira, toda esta gente ha venido a animarte. Cuando tú entras en la viña del Señor, Él también entra en la tuya. Toda esta gente es tu nueva familia». Y así era. No estaba solo, a pesar de la distancia que me separaba de mi país y de mis padres. Me di cuenta de que algunas personas habían venido de la diócesis de Bondo, en la República Democrática del Congo, donde yo había pasado una temporada durante mi periplo como refugiado.

El mensaje era clarísimo: un sacerdote pertenece a una nueva familia, la de los que creen en Jesucristo y escuchan su Palabra. Los cientos de personas que habían acudido a presenciar nuestra ordenación eran mis nuevos hermanos y hermanas. A partir de ese momento, nunca me he sentido solo durante mi vida sacerdotal. Siempre he estado en medio del pueblo de Dios como uno de ellos, sintiéndome un miembro pleno de la Iglesia. En todas las comunidades en las que he servido, he contado con padres que me han aceptado como un hijo. Sin ellos, yo habría podido sucumbir a la soledad. Posteriormente me enteré de que mis propios padres habían organizado en Ruanda una celebración dirigida por un catequista para unirse a la ceremonia de mi ordenación. Fue una comunión de alegría espiritual a pesar de la distancia física.

Al finalizar la ceremonia, en la que los Nguilelo ocuparon el lugar de mis padres biológicos, nos unimos a la fiesta de los compañeros que se habían ordenado. Era inmensamente feliz. El Señor había estado grande conmigo. Después de tantos años de transitar por caminos tortuosos, después de todas las peripecias que me habían conducido a agujeros oscuros y peligrosos, el Señor me ofrecía uno de los regalos más grandes que se le pueden hacer a un ser humano. Me demostraba, como dice san Agustín, que cambia sus obras sin cambiar el plan. El sacerdocio llegaba después de un camino largo, pero rico en experiencias del amor de Dios.

La ordenación me dejó lecciones inolvidables. En primer lugar, comprendí que la amistad se sitúa por encima de las razas y de las lenguas. La presencia de la familia centroafricana de Bangui corroboró algo que ya había aprendido en mis largos viajes: las relaciones humanas no están necesariamente ligadas ni a la sangre ni al grupo étnico, sino a la sinergia de dos voluntades en un intercambio de dar y recibir. En segundo lugar, el sacerdote solo encuentra alegría cuando la comunidad cristiana decide adoptarlo como hijo, más allá del hecho de que sea su pastor. ¡Feliz el sacerdote que ama y se siente amado!

Descubrir la misión

Creo que las dos características más destacadas de los misioneros recién llegados a un lugar son el celo por la salvación de las almas y la valentía, a menudo desprovista de prudencia. El que ha vivido mucho tiempo en contacto con los libros y con teorías diversas, corre el peligro de creer que se pueden mover montañas con el pulgar. Desde Europa se elaboran todo tipo de planes para sacar a África del atasco económico, de la mentalidad antidesarrollo, de la miseria. Se piensa en movilizar energías y en romper barreras culturales para eliminar la mala costumbre de la pasividad y el asistencialismo. Hay personas que creen que basta con la buena voluntad para levantar todo un continente en pocos años. Nos olvidamos de que África está constituida por hombres y mujeres nacidos de culturas que a menudo estamos lejos de conocer; y sin comprender los esquemas del pensamiento de un pueblo, no se puede acompañarlo en el cambio.

Tras numerosas tentativas infructuosas, uno se da cuenta de una verdad innegable: a los grupos humanos no se los puede tratar como a las máquinas. Las sociedades son mucho más que un simple esquema racional. Cada cultura tiene su pasado, su ritmo, sus prácticas, su visión, y eso no se cambia fácilmente. Hace falta tiempo, paciencia, inteligencia, humildad y, sobre todo, dejar que el Espíritu Santo haga su trabajo, en ocasiones incluso contra la voluntad del misionero. Esto vale para cualquier país del mundo.

África es un continente formado por multitud de culturas y lenguas, tribus y visiones del mundo completamente diferentes entre sí. Esta verdad escapa a menudo a quienes la juzgan, bien sea desde Occidente, sin haber puesto jamás un pie allí, o bien desde uno de sus países, que quizá han visitado o en el que han vivido durante un tiempo. Otros se limitan a opinar a partir de algunos informes parciales, condensados por periodistas que se autodenominan «especialistas del continente».

Mucha gente habla de África basándose en documentales de unos pocos minutos o en noticias que aparecen en los medios de comunicación, donde generalmente solo se muestran, de forma sensacionalista, acontecimientos desafortunados. Hay que recorrer toda África para comprender que entre los mismos africanos hay enormes diferencias culturales. Aunque tengan algunos elementos comunes, la distancia que separa una cultura de otra es mucho más amplia que los elementos que las unen. Un *masái* de Kenia no tiene casi nada en común con un *gbaya* de Centroáfrica, como tampoco lo tiene un *mushi* del este del Congo con un *peúl* de Nigeria. Además, África no es solamente un continente de guerras, hambrunas y agonías tremendas. Es también un continente lleno de vitalidad y optimismo, de resistencia y una sabiduría ancestral, de resiliencia y esperanza. Un continente de palabras, de diálogo, donde los problemas están administrados por las colectividades; un continente donde la naturaleza y el hombre están en armonía, donde Dios no está nunca lejos en su aparente silencio, donde los espíritus y los hombres comparten el mismo lugar, para bien o para mal. Es verdad que hay guerras y conflictos de todo tipo, pero también es verdad que la guerra no es propiedad exclusiva de los africanos, como si fuera una invención original del continente. Todos los pueblos del mundo saben, desgraciadamente, algo sobre esta realidad. Solo hay que ponerse a estudiar la historia de cada país para concluir que el hombre es siempre y en todas partes el mismo. En ese sentido, no es solamente África la que tiene que cambiar, sino el hombre.

La mayoría de los misioneros que van a África se informan antes a través de cooperantes, que les orientan sobre una zona determinada; pero una vez llegados al terreno, se encuentran con una realidad completamente diferente a la que habían imaginado. Por eso, es preferible ir a corazón abierto, a la aventura, sin prejuicios, para aprender sobre el terreno con objetividad. África es un libro abierto, pero para leerlo hay que tener los ojos vírgenes, una gran dosis de buena voluntad, una buena preparación, un buen par de gafas de amor y, sobre todo, mucho tiempo y paciencia. El tiempo termina por abrir sus puertas a quien sabe esperar.

Así es como me sentía yo después de la ordenación.

Tras unos meses de prácticas en la parroquia de Kongbo, el obispo me envió como párroco al territorio de Bakouma, a ciento treinta kilómetros de Bangassou y a unos novecientos kilómetros de Bangui. Africano entre los africanos, estaba lejos de suponer que mi cultura era muy diferente a la de los parroquianos que acababan de serme confiados. Ingenuo de mí, sin saber exactamente lo que me esperaba, creía que estaba preparado para todo.

Sin embargo, llegado al terreno, y a pesar de conocer más o menos el país por haberlo recorrido de este a oeste con anterioridad, pude comprobar que en el territorio que abarcaba mi parroquia coexistían más de una decena de tribus y lenguas diferentes. No tenía ni idea de que iba a descubrir todo un universo de creencias y prácticas completamente ajenas a mi mentalidad, capaces de convivir con la fe cristiana profesada por muchos habitantes de la región. Por otro lado, encontré allí un pueblo profundamente creyente, respetuoso de lo sagrado y deseoso de escuchar la Palabra de Dios, un pueblo humilde que, tanto en las alegrías como en las penas, se volvía constantemente hacia el más allá. En cuanto a los aspectos más prácticos, baste decir que para poder comprar combustible y productos básicos de alimentación o higiene tardaba cuatro horas de ida en coche y otras tantas de vuelta. Si me quedaba atascado en el barro o, para mi desgracia, tenía un percance en uno de los muchos puentes en mal estado que jalonaban el recorrido, no tenía más remedio que pasar la noche en alguno de los pueblos cercanos en medio de un ejército de mosquitos. De hecho, siempre prefería viajar con alguien, para que pudiera ayudarme a empujar el coche en medio del fango, o a cortar árboles caídos en mitad del camino, o a hacerme compañía si tenía alguna avería y me quedaba tirado en medio de la nada. Si contara cada uno de los percances que me sucedieron en esos viajes, seguramente me daría para escribir otro libro...

Bakouma, ciudad maldita

Los orígenes de la ciudad de Bakouma producen escalofríos a los que los escuchan por primera vez. Son una mezcla de terror y de extrema crueldad. Durante mis años allí pude recoger información histórica sobre la región. El fundador de la ciudad se llamaba Bakouma. Primo del famoso sultán Bangassou, fundador de la ciudad que lleva ese nombre, fue un líder temido y temible. Instalado en una pequeña localidad hoy borrada del mapa y abandonada detrás del pueblo de Lengo, era el gobernante de la tribu *nzakara*. Periódicamente organizaba cacerías de elefantes y suntuosos banquetes en su propio honor. Su poder era absoluto. Se dice que se relacionaba con traficantes de marfil de África Occidental que, pasando por la ciudad de Bangassou, preferían comprar el marfil más barato de Bakouma. Evidentemente, eso despertaba los celos del gran jefe Bangassou, que perdía a clientes potenciales.

En esa época, la población *nzakara* se caracterizaba por una práctica exagerada del adulterio, lo que causaba estragos considerables en las distintas familias y también conflictos permanentes entre los vecinos. Para controlar la situación, el rey Bakouma instauró una justicia implacable que ha permanecido en la memoria colectiva: quitar el mal comiéndose —literalmente— al malhechor, es decir, al culpable de adulterio. De esta forma, empezó a eliminar uno a uno a los jóvenes de su pueblo, sin darse cuenta de que, en vez de acabar con el adulterio, estaba acabando con los propios jóvenes.

Los notables de la corte, al ver que el pueblo se estaba quedando sin hombres, conspiraron con Bangassou, el primo del sur, para eliminar a Bakouma. Un día que iba a tener lugar una ceremonia oficial, cavaron un hoyo bajo el trono donde Bakouma iba a presidir la fiesta. Colocaron lanzas apuntando hacia arriba y lo cubrieron todo con adornos antes de colocar el sillón real. Bakouma, sin sospechar nada, avanzó majestuosamente. Como era de esperar, una vez se sentó, el trono desapareció y cayó en el agujero de las lanzas puntiagudas. En ese momento, se dice que maldijo a toda la aldea y a todo el pueblo *nzakara*. Los conspiradores lo enterraron allí mismo, y el canibalismo desapareció con él. Sin embargo, su nombre se usó para designar aquella región. Desde entonces, la gente no ha dejado de ver la sombra del anciano caníbal en todos los acontecimientos desgraciados que la asolan.

Después de su muerte, su primo y gran rival Bangassou, que había tirado de los hilos en la sombra, envió a su hijo Bora para que gobernara el territorio. Bora murió de forma repentina, lo que se interpretó como una consecuencia de la maldición. Su hermano Fadama ocupó el trono y se instaló primero en Zimé y después en la localidad de Bakouma. Fue su hijo Bangassou Kwanga quien acogió a los misioneros católicos y les ofreció un lugar para instalar la iglesia.

Cuando yo llegué, Bakouma era una ciudad pequeña y llena de contradicciones. Por un lado, había personas que habían estado en contacto con la vida moderna, pero por otro, no se veía que eso les hubiera servido para transformar su estilo de vida. De hecho, me dijeron que la ciudad había conocido en épocas anteriores una gran prosperidad debido a las empresas occidentales de uranio, a las plantaciones y fábricas de café, a las grandes tiendas y a las compañías de explotación de diamantes. Pero, ironías de la historia, con la marcha de cada una de esas industrias, los habitantes de Bakouma, en lugar de aprovechar los bienes y mejorar sus condiciones de vida, prefirieron destruirlo todo. Las planchas de metal que brillaban sobre los edificios de las compañías occidentales no sirvieron para construir casas mejores en la ciudad; en lugar de eso, las fundieron para fabricar ollas y cazuelas. Así fue como los habitantes de Bakouma permanecieron en sus chozas con techumbre de paja o de hierba. Fue todo un símbolo de cómo todo aquello acabó transformado, ¡en humo! En la mentalidad de ese pueblo, como en la de muchos otros de África, los asuntos de los blancos no tienen nada que ver con la vida local. A menudo es una capa artificial que desaparece cuando el hombre blanco ya no está presente. Después todo sigue igual.

En aquella época, el centro de la ciudad era una entidad administrativa. A la entrada se encontraba la parroquia de San Andrés y unos viejos edificios que servían de vivienda a los sacerdotes. El templo era un edificio de piedra construido de una manera un tanto rudimentaria, pero que se sostenía. Poco tiempo después, abrí una puerta detrás de la sacristía para colocar una pequeña capilla del Santísimo, que servía de lugar de oración personal en una tranquilidad absoluta.

Siguiendo el camino se llegaba a la gendarmería de la subprefectura. Los edificios de la gendarmería eran auténticas ruinas. Había un gran edificio sin techo y una cabaña a punto de derrumbarse que servía como sede de justicia para todo un territorio. ¡Hay cosas verdaderamente simbólicas! Al lado había un hospital más o menos sólido, pero sin médico. Un técnico superior de salud estaba al mando. Pasaba consulta y practicaba cirugías en casos de emergencia con instrumentos de la época de Matusalén. Enfrente había una escuela de primaria donde podía haber 150 niños por clase, unos sentados en el suelo, otros en pupitres, y algunos detrás, de pie, pizarrilla en mano y con los ojos pegados a la pizarra. La disciplina se impartía por medio de lo que ellos mismos llamaban «la serpiente negra», es decir, el látigo del maestro de mirada severa. Había un solo profesor cualificado, que era al mismo tiempo el director de la escuela. A todos los demás se les llamaba «maestros-padres» en la jerga local, para referirse a los voluntarios sin formación pedagógica, mal pagados por los padres de los niños. El Estado había renunciado a sus deberes. No había libros para leer en un radio de cien kilómetros. ¡Ni biblioteca ni librería! Los niños aprendían a leer y escribir en la pizarra y completaban seis años de primaria sin haber visto de cerca jamás un libro. Además, por ley, todas las lecciones se impartían en francés. Al final de la escuela primaria, algunos de los estudiantes no sabían escribir ni una simple carta amistosa, ni en su propio idioma ni en francés, pero estaban orgullosos de haber finalizado sus estudios.

Hacia el este estaban la subprefectura y la alcaldia, dos edificios de la época colonial que a duras penas resistían el paso del tiempo. Las autoridades de la zona vivían en el piso de abajo, y los murciélagos arriba, en el falso techo. Entre los murciélagos y los humanos, aquello exhalaba un olor espantoso. Más allá, en el centro de Bakouma, había un mercado que consistía en una serie de tiendas más o menos modernas y un espacio en el que los minoristas exhibían sus productos: carnes de caza, productos del campo, rosquillas..., todo bajo una nube de moscas y de abejas que buscaban materia prima para la miel. El resto de la ciudad de Bakouma, exceptuando unas casas un poco más grandes, era un conjunto de casitas de paja construidas sin orden ni concierto. Las letrinas y los pozos de agua estaban juntos, compartiendo la misma capa freática, y eso era la causa principal de la existencia de parásitos intestinales y de amebas que me adoptaron en cuanto llegué. El único coche que circulaba en la zona era el de la parroquia, y en toda la ciudad se podían contar dos o tres motos, como mucho.

Por fin tenía una parroquia a mi cargo. Africano de nacimiento y de cultura entre otros africanos autóctonos, enseguida me di cuenta de que pertenecían a una decena de grupos lingüísticos distintos. Algunas de las tribus que habitan el territorio son mayoritarias, mientras que otras son casi inexistentes, especialmente las de los que han llegado como inmigrantes. No obstante, a pesar de las diferencias entre unas y otras, no dejaba de sorprenderme el hecho de que todos hablaran la lengua nacional común, el sango. Y por encima de las diferencias culturales y las rivalidades tradicionales, naturales por otra parte, los distintos grupos étnicos no estaban en guerra los unos con los otros. Se desaprobaban mutuamente, pero sin llegar a odiarse.

Ese detalle atrajo poderosamente mi atención. Yo venía de un país, Ruanda, en el que dos pseudoetnias —en realidad no tienen nada de etnias, en el sentido antropológico de la palabra—, no conseguían entenderse. Los *hutus* y los *tutsis*, que hablan la misma lengua, comparten la misma religión, tienen prácticamente la misma visión del mundo, viven en el mismo territorio y se reconocen todos como ruandeses, habían llegado hasta el genocidio. De hecho, mi presencia en Bakouma era consecuencia indirecta de los acontecimientos macabros que me habían obligado a huir de mi país, dejando atrás mi cultura, mi lengua, mi aldea y a mi familia, para terminar siendo misionero a pesar de mi vocación inicial de sacerdote diocesano. Nunca entenderé cómo hay personas que dicen profesar su fe en el Evangelio y, al mismo tiempo, pueden matar a los demás como si nunca hubieran oído hablar de la caridad. Hay personas que tienen dos credos, uno surgido de la fe cristiana y otro de su fe étnica o patriótica, y algunas de esas personas terminan por situar la etnia por encima de la religión en su lista de prioridades. Eso es lo que sucedió en el genocidio de Ruanda.

Enviado a Bakouma como párroco, me encontré con una parroquia geográficamente casi tan grande como mi país natal, con la diferencia de que gran parte del territorio estaba deshabitado. La mayoría de las aldeas estaban conectadas entre sí por caminos transitables por peatones o bicicletas, difícilmente por motos, casi nunca por coches. Las antiguas carreteras se encontraban en avanzado estado de deterioro. Muchos puentes habían desaparecido. Desde que dejaron de mantenerse los caminos, la naturaleza, que tiene horror al vacío, había recuperado sus dominios. En determinados lugares, aunque fueras a pie te perdías. La naturaleza, aprovechándose de la inacción del hombre, había decidido borrar toda traza de vida moderna. Las termitas habían construido sus refugios en medio de los caminos. Adentrarse en la selva hacia cualquier destino era toda una aventura. Los árboles caídos y las rocas acababan con los neumáticos de cualquier vehículo. Los surcos creados por la erosión se tragaban todos los artefactos mecánicos. Los arbustos escondían cuidadosamente sus espinas, listas para desgarrar la piel de los incautos viajeros.

Así era, en pocas palabras, la parroquia que yo tenía que gestionar, en un principio con dos sacerdotes mexicanos, Juan José y Víctor Hugo, misioneros en África por primera vez y durante un tiempo limitado.

Una acogida especial

Nada más llegar a Bakouma, conocí a Badali. La primera vez que le vi pensé que tenía las capacidades mentales muy mermadas. Me acogió con una sonrisa de oreja a oreja. Parecía decirme cosas que yo no entendía en absoluto. Aquel día no conseguí ahondar en el misterio de aquel hombre que estaba tan contento de mi llegada.

En aquella época, la parroquia de Bakouma estaba todavía a cargo de un padre holandés, un misionero que había permanecido 34 años allí. Conocía todos los rincones de la zona y también a todo el mundo. Le pregunté quién era aquel hombre que sonreía tanto. Yo calculaba que rondaría los 30 años, pero el sacerdote holandés me dijo que el chico tenía alrededor de 18 años, y que a pesar de su discapacidad mental, vivía del trabajo de sus manos. De vez en cuando dormía en las dependencias de la parroquia. Aquel chico vivía casi a la intemperie y sobrevivía con muy poco. Sonreía a todos como única manera de expresarse. No sabía hablar.

Durante mucho tiempo estuve observando a Badali. Cada vez que le miraba, algo me decía que tenía a Jesús ante mis ojos. Aquel chico, que no sabía ni leer ni escribir, que no podía contar el dinero ni era capaz de construirse una choza donde vivir, sí sabía en cambio que en la parroquia encontraría algo de acogida y allí se había instalado. Siempre me miraba con cara de piedad y me tendía la mano para pedir lo que fuera, ropa o comida. Día tras día me fui familiarizando con él. Era un muchacho muy agradable. Nunca le vi enfadado o peleándose con alguien. La gente me decía que de vez en cuando, cuando se le acababa la comida y veía que podía pasar hambre, robaba alguna cosa y la vendía. Sin embargo, nunca robó nada en la parroquia. En un momento determinado le vi con un reloj que funcionaba bien. Nadie sabía cómo lo había conseguido. Le propuse comprarlo y guardar para él el dinero, para irlo gestionando poco a poco para él. Badali, con un gesto inequívoco, rechazó la oferta. No tuve más remedio que respetar su decisión. Tal vez se trataba de un recuerdo importante. A raíz de aquello, empecé a no considerarle como un idiota, ni un tonto, ni nada por el estilo. Si bien tenía una cierta discapacidad mental, también sabía muy bien de qué iba la vida.

Lo que más me sorprendía de él era que no necesitaba mucho para sentirse feliz. Cuando recibía algo de comer, pasaba todo el día riéndose. Eso era especialmente llamativo en una región donde la gente luchaba para conseguir extraer diamantes de la tierra. Badali no parecía necesitar los diamantes ni los millones para ser feliz. Cuando se acercaba al mercadillo, entregaba todo el dinero que tenía y cogía lo que necesitaba, sin importarle el precio. A veces la gente de buena voluntad le devolvía el cambio, pero otros le dejaban marcharse sin nada.

Badali no era la única persona que vivía cerca de la parroquia. Enfrente del despacho parroquial había una cabaña en la que habitaban dos ancianas. Habían llegado de diferentes sitios, expulsadas de sus pueblos porque todo el mundo las consideraba brujas. Vivían en un estado de miedo permanente. El único lugar donde se sentían tranquilas era la parroquia. Aunque vivían precariamente, eran un símbolo del amor de Dios, que acoge a los más humildes y descartados del mundo. Cuando se enteraron de mi llegada, fueron de las primeras en venir a darme un abrazo. Viendo sus ropas, el aspecto de su rostro y el estado de la cabaña, concluí rápidamente que tenía ante mí a los últimos de la tierra.

Algunas personas me advirtieron de la presencia de un búho que dormía en un árbol situado delante de la iglesia. Los búhos están considerados como centinelas de los brujos. Su voz lúgubre y su capacidad de ver en la oscuridad los convierten, en el imaginario local, en animales cercanos al demonio y temidos por todos. Algunos relacionaban al búho que vivía en el árbol frente a la iglesia con las señoras que vivían delante de mi casa. Decían que el búho representaba algo siniestro, tanto para los cristianos como para los sacerdotes, y me incitaban a hacer algún exorcismo o lo que fuera para echarlo. Entonces me acordé de algo que me había dicho mi padre hacía muchísimo tiempo: «Todos los pájaros hablan a su manera, el búho también. ¿Es que la gente quiere que no hable nunca?». A partir de ese momento, nunca tuve ningún miedo de su presencia. Yo le decía a la gente que era mi guardián, lo que reforzaba la creencia de que los sacerdotes tienen poderes especiales.

Pocos días después, paseando por el barrio contiguo a la parroquia, oí una voz que salía de una cabaña que tenía a mi derecha. La oí perfectamente, porque decía en voz alta: *Abbé* («padre»). La única persona con ese título era yo. Sorprendido, me paré y me dirigí a la cabaña. Allí vivía Louise, una anciana completamente ciega. Por eso me pregunté, intrigado: «¿Cómo me ha reconocido?». No tuve respuesta. Me recordó el pasaje del Evangelio que habla del ciego de Jericó. Lo vi como un signo que Dios me enviaba en ese comienzo de mi misión. Louise se convirtió en un toque de atención siempre que me entraban las prisas. Nunca conseguí pasar desapercibido por delante de su cabaña. Siempre me llamaba.

La acogida que me brindaron aquellas personas me abrió el camino de la misión. Era para mí una señal de que mi vida sacerdotal en aquel lugar iba a tener un cariz especial, marcado por la presencia de los pobres y los marginados. La parroquia sería un lugar de encuentro y el éxito de mi pastoral sería el resultado de mi capacidad para entender a todos.

CAPÍTULO 2

LA DIVERSIDAD DE LA PARROQUIA DE BAKOUMA

Tan pronto como tomé posesión de la parroquia, me propuse recorrer todo el territorio para sumergirme en la realidad de cada comunidad. Era una forma de aplicarme el adagio centroafricano que dice: «Cuando un pájaro se posa sobre un árbol, primero calla y observa el entorno, antes de hacer ruido». Me ayudaba a entender lo absurdo que resultaría que un recién llegado pretendiera modificar hábitos profundamente arraigados e iniciar cambios antes de comprender las realidades profundas de cada grupo humano.

Como no puedo describir en su totalidad mi experiencia como sacerdote en la región, he preferido limitarme a contar las anécdotas que marcaron profundamente mi ministerio y dejaron huella en mis actividades. En lugar de seguir la cronología, narraré los hechos según las zonas donde los viví o según su similitud de contenido.

Mi primer viaje a Nzako

La primera vez que tuve la oportunidad de ir a Nzako, ubicada a 60 km. al norte de Bakouma, fue una especie de bautismo de lo que iba a ser mi misión, en la que se mezclarían la alegría y el dolor. Ocurrió antes de mi toma de posesión de la parroquia de Bakouma. Yo nunca había estado en Nzako, y el obispo tan solo me indicó que, teniendo en cuenta lo intransitable de los caminos y la enorme extensión de la diócesis, iríamos en avión. Así fue como me encontré en la avioneta de la diócesis con el padre Juan José, un sacerdote mexicano, recién llegado como yo. Antes de embarcar en la pequeña pista de aviación de Bangassou, tuve la impresión de estar soñando: una evangelización en avión me parecía inimaginable.

—Juan José, ¿a ti te ha dicho el obispo adónde vamos y lo que vamos a hacer? —le pregunté a mi compañero.

—Solo sé que vamos a pasar la Semana Santa en una de las comunidades cristianas más grandes de la diócesis. Creo que es una de las comunidades de nuestra futura parroquia.

—¿La gente sabe que llegamos hoy? —yo no las tenía todas conmigo.

—Sí, creo que el obispo les ha informado.

—¿Y nos darán comida para toda la semana?

—Según me ha explicado el obispo, los cristianos que viven en medio de la selva están acostumbrados a dar de comer a los sacerdotes mientras están en su zona. En cualquier caso, yo no llevo nada más que la ropa y el maletín de misa.

—Pues entonces me parece que los dos estamos siguiendo al pie de la letra lo que dice Jesús de no llevar nada para el camino.

Mientras ambos nos reíamos como niños, subimos al avión. Estábamos solo nosotros y el piloto, que me pidió que me sentara a su lado en la cabina para hacer de copiloto. Recordé entonces las palabras de uno de mis maestros, que solía decirnos que los sacerdotes son generalistas en todos los campos: hacen cosas especiales donde no hay especialistas. Había llegado mi hora de ejercitar esta máxima. ¡Acepté la propuesta de copilotar ese avión!

Siempre he tenido miedo a volar y más si se trata de un avión pequeño. Aquel era particularmente inquietante. El piloto, un holandés, era un auténtico bromista, pero controlaba bien el aparato. Aunque teníamos el viento en contra, se las arregló con gran pericia, y en menos de una hora recorrimos los casi doscientos kilómetros que nos separaban de Nzako.

Aterrizamos en una larguísima pista de tierra en medio de la nada, sin señales, sin indicaciones, sin luces. Reinaba un silencio sepulcral. El piloto, después de bajar nuestros dos maletines, nos dijo:

—Aquí termina mi misión y comienza la vuestra. Adiós, padres. Voy a volver a Bangui, la capital. ¡Hemos tenido mucha suerte, porque el avión está averiado! He descubierto la avería en pleno vuelo, pero no he querido decirles nada para no asustarles.

—¡Pues yo, como copiloto, no me he dado cuenta de nada!

—Desgraciadamente, no estoy seguro de poder volver cuando terminen su misión. Si logro aterrizar en Bangui sin incidentes, el avión irá directamente al taller para pasar allí bastante tiempo. Y si no consigo aterrizar, cuento con sus oraciones para ir directo al cielo. Después de dejar a salvo a los misioneros en tierra, me merezco una recompensa en el cielo, ¿no creen?

Nos separamos con bastante sentido del humor dadas las circunstancias, él entrando en el avión susceptible de transformarse en féretro, y nosotros quedándonos solos en medio de una pista de aterrizaje en pleno bosque. No podíamos ver más allá de unos cien metros. Dimos una vuelta completa a la pista para ver si descubríamos una ruta que nos llevara a algún sitio, pero nada.

Nos pusimos a charlar en español, confiando en la Providencia. Cada uno contaba sus propias experiencias. Algunas aves, curiosas, parecían escuchar muy atentas aquel nuevo idioma introducido en su territorio. ¡Me atrevo a creer que nunca en su vida habían oído hablar en español! Nosotros no sabíamos cómo llegar a Nzako, ni a qué distancia estábamos de un lugar habitado. No había ni rastro de los cristianos a los que el obispo había informado de nuestra llegada.

No somos compradores de diamantes

En medio de tanta cháchara y de una cierta preocupación, vimos aparecer una moto en la que iban montados dos individuos vestidos con chilabas musulmanas. Eran vendedores de diamantes. Se quedaron estupefactos al ver a dos hombres, uno negro y otro casi blanco, hablando un idioma desconocido. Pero su asombro fue en aumento al constatar que el avión ya se había ido.

—Buenos días. Hemos visto el avión sobre la ciudad y hemos pensado que traería compradores de diamantes.

—No somos compradores de diamantes, sino sacerdotes católicos. Venimos a visitar a los cristianos de Nzako.

—En ese caso os ayudaremos a llegar a la ciudad, pero no podemos ir los cuatro en la moto. Uno de ustedes tendrá que quedarse aquí con mi compañero, y yo llevaré al otro en la moto. Cuando llegue a la ciudad y lo deje allí, volveré a recoger al otro.

La idea era brillante. Sin dudarlo un instante, señalé a Juan José como primer viajero y me quedé con el otro buen samaritano... musulmán. Me dijo que la pista de aterrizaje estaba a más de siete kilómetros del pueblo que los habitantes llaman *ciudad* de Nzako. Los cristianos de Nzako habían recibido la carta del obispo, pero en la misiva no se especificaba la hora de llegada del avión. Por precaución, toda la comunidad cristiana se había reunido en la pista muy temprano aquella misma mañana. Alrededor del mediodía, al ver que el avión no llegaba, habían pensado que el programa había cambiado, y desilusionados y sin comunicación posible, habían decidido regresar.

Llegamos en moto a la misión y nos recibieron como héroes. Todos los cristianos, desde los más jóvenes hasta los más viejos, se habían congregado para darnos la bienvenida. La comunidad llevaba cinco años sin recibir la visita del párroco. Era una comunidad viva y numerosa, acostumbrada a la autogestión, tanto a nivel de organización como espiritual. Los domingos un catequista presidía la asamblea, enseñaba la Palabra de Dios y distribuía la comunión, obtenida en la parroquia y guardada en una especie de sagrario rudimentario, pero muy respetado como objeto sagrado.

¡Cuál fue mi alegría al ver que una comunidad humilde conseguía mantener la fe con los pocos medios a su alcance! ¿Cómo no extrañarse al ver a una comunidad tan viva después de tantos años sin la presencia de un sacerdote? Además, no dejaba de emocionarme aquella cálida acogida por parte de una comunidad que me veía por primera vez y que, en realidad, no sabía nada de mí. ¿Cómo no consolar a un pueblo así, que luchaba contra viento y marea para conservar la llama de la fe, a pesar de la ausencia de los sacerdotes?

La primera decisión que tomé fue ayudarles a preparar un sagrario en condiciones o, al menos, mucho más decente que el que había encontrado.

La pobreza de una ciudad llena de diamantes

Nzako estaba situada en una hondonada. Estaba formada por cabañas construidas unas junto a otras sin seguir un orden aparente. Pequeños senderos se abrían paso entre ellas, dibujando curvas y atajos que pasaban por detrás de las casas o frente a las puertas. Como la vida de los habitantes transcurre principalmente al aire libre, se veían los alimentos de cada familia cociéndose en las ollas al fuego. Era una ciudad superpoblada, mal organizada, mal equipada e improvisada a la manera de todas las ciudades mineras. Estábamos en el corazón de una ciudad de diamantes en una de las zonas mineras más importantes del país.

Mientras recorría en silencio los diferentes barrios de Nzako, que ya conocía por su reputación antes de ir, vi con mis propios ojos la paradoja característica de las ciudades mineras del África negra: de esas aglomeraciones salían piedras preciosas que enriquecían otros lugares del mundo, pero allí se leía la miseria en todos los rostros. Me resultaba incomprensible la extrema pobreza de un sitio que era al mismo tiempo fuente de riqueza material en otros destinos.

Aquí la pobreza afectaba tanto a la vida cotidiana de los habitantes como a las infraestructuras más básicas. Solo había una escuela de primaria, que contaba con seis aulas para más de mil alumnos. Los niños, mal vestidos y sin material escolar, estaban hacinados unos encima de otros por falta de espacio y pupitres. El maestro explicaba todo en la pizarra. Él mismo carecía de todo para llevar a cabo su tarea. No había ni una sola letrina para los niños. El olor que salía de los arbustos próximos a la escuela era terrible. Mientras tanto, los ricos venidos de otros países guardaban millones de francos CFA en cajas fuertes para comprar las piedras y transportarlas lejos.

No había existido nunca una escuela de secundaria en Nzako, a pesar de la gran cantidad de niños que había. Algunos de los que conseguían terminar la escuela primaria, felices de haber estudiado algo aunque fuera en esas condiciones, desaparecían en las minas. Una pequeña minoría se trasladaba a Bangassou, a 200 km. de distancia, para matricularse en la única escuela secundaria de la región. De esos, solo un pequeño porcentaje pasaba la prueba del hambre y la miseria. Muchos regresaban a casa después de algunas semanas, tras una experiencia amarga para un niño desvalido y lejos de sus padres.

El hospital, o lo que recibía ese nombre, era una casa de tres habitaciones: una servía de farmacia, otra de enfermería y la tercera era a la vez sala de partos y de hospitalización. Era imposible no llorar si tenías lágrimas en los ojos. Todas las mañanas había una larga cola de madres que esperaban pacientemente durante horas a que atendieran a sus hijos. Otras se tumbaban en el suelo esperando su turno para ver al enfermero, al que todas llamaban «doctor». Y el enfermero, que no era enfermero sino más bien socorrista de primeros auxilios elevado a responsable de un centro de salud, asentía, claramente feliz de ostentar un cargo que no habría tenido bajo otros cielos ni en sueños.

No había ninguna fuente de agua en toda la ciudad, ni rastro de electricidad, ni teléfono. La erosión, acelerada durante la época de lluvias, había terminado por cavar grandes socavones en medio de los barrios y muchas veces era necesario saltar o hacer acrobacias para ir de un lugar a otro.

Nzako era una ciudad perdida en un rincón olvidado de la República Centroafricana, pero como estábamos en una ciudad de diamantes y oro, cualquier diamante que salía de la zona volaba en avioneta directamente a Bangui. Así, la riqueza del lugar pasaba por encima de las cabezas de sus habitantes, sin dejar ningún rastro de desarrollo. Malienses, mauritanos y nigerianos recolectaban toda aquella riqueza para luego irse a construir chalés en sus propios países. Expoliaban a la RCA de manera totalmente legal. Jóvenes centroafricanos de todos los rincones del país, y hablantes de todos los dialectos tribales, estaban presentes en Nzako, unos para ayudar a los compradores a encontrar diamantes, otros en busca de dinero fácil. Más tarde me enteré de que había toda una cadena alrededor del diamante, desde el jefe de la pirámide hasta el último excavador, pasando por un sinfín de intermediarios. Eran los de abajo los que hacían el trabajo duro de excavar y lavar la grava. Los de arriba se contentaban con recoger los diamantes y venderlos nadie sabía dónde. Una curiosa jerarquía, donde la opulencia y la miseria coexistían en una tierra con un subsuelo abundantemente rico.

Nosotros nos instalamos en la misión católica, situada en una colina desde la que se divisaba todo el pueblo. Nos llamó la atención ver que católicos y musulmanes, protestantes y miembros de sectas, paganos y satanistas, compartían el mismo espacio en respeto mutuo. Nzako tenía tantas mezquitas como iglesias cristianas, y tantos cristianos como musulmanes en el pequeño mercado del centro del pueblo. Aquí se escuchaban oraciones a Jesús Salvador, allí los gritos del muecín que llamaba a la oración a los creyentes en Alá. Cada uno conocía su identidad y la vida parecía transcurrir sin problemas. Nadie parecía molestar a nadie. De hecho, mucho tiempo después yo terminaría colaborando con los musulmanes ricos en proyectos de desarrollo. El islamismo radical y el fundamentalismo cristiano parecían muy alejados de los centroafricanos en ese momento. Por desgracia, ese entendimiento se desmoronaría con el tiempo, debido a elementos exógenos que vinieron de lejos bajo el nombre de una coalición llamada Seleka. Pero esa es otra historia.

Una serpiente en la noche

Para dormir en Nzako, estábamos alojados en una choza de paja de dos metros por cuatro, en dos camastros de bambú separados por un muro de tierra. Debo decir honestamente que, recién llegado de Europa, aquello me pareció una pesadilla. Mi colega Juan José estaba también atónito ante unas condiciones tan precarias, pero trataba de mantener estoicamente la calma. Ambos bromeamos sobre el tema, coincidiendo en que eso formaba parte del paquete de la misión. Sin embargo, no pudimos evitar un cierto sentimiento de preocupación. Incluso yo, un africano que había sufrido experiencias muy duras, tenía la impresión de haber llegado a otro mundo.

Esa noche, de repente, Juan José dio un grito. Cuando le pregunté qué le ocurría, me dijo que acababa de ver una serpiente. Paralizado por el miedo, encendí la lámpara de queroseno que nos había prestado la comunidad y fui revisando todas las grietas y agujeros de la cabaña, pero no vi ninguno lo suficientemente grande como para albergar una serpiente. Entonces le dije a mi compañero que volviera a dormirse, porque allí no había ninguna serpiente. «Y si la ha habido», añadí, «ya se ha marchado. Las serpientes nunca vuelven sobre sus huellas».

Volvimos a acostarnos en nuestras camas. La de él, de bambú —llamada *kerekpa*—, estaba en el interior de la cabaña, y la mía muy cerca de la puerta. Al poco rato Juan José gritó de nuevo y afirmó haber visto otra vez a la serpiente. Nos levantamos y realizamos un nuevo registro exhaustivo. Empecé a creer que mi compañero mexicano sí veía la serpiente, pero solo en su imaginación. El miedo es capaz de jugar muy malas pasadas. Al visualizar algo con convicción, la imaginación lo vuelve real para el que cree que lo tiene delante de los ojos. «No se puede ver una serpiente en una noche oscura», me dije a mí mismo. Después de tranquilizar a Juan José, volvimos a la cama. La noche prometía ser muy larga.

Aunque yo estaba convencido de que se trataba de alucinaciones, no dejaba de preguntarme si era posible que hubiera una serpiente. ¿Alguien puede dormir tranquilo en una habitación con una serpiente venenosa?

Cuando por fin estaba logrando conciliar el sueño, percibí un ligero ruido al lado de mi cama. Esta vez no era Juan José el que estaba nervioso, sino yo. ¿Sería producto de mi imaginación? Imposible no intentar averiguar de qué se trataba. Extendí la mano para encender la lámpara, pero mi mano tocó algo diferente, y ese algo se escapó sin que pudiera identificarlo. Presa del pánico, salté de la cama pensando en la serpiente, aunque lo que acababa de tocar no era una piel de serpiente. Encendí rápidamente la lámpara y vi que algo desaparecía por la puerta... Era un gato, que se había colado para comerse lo que quedaba en la mesa, situada junto a mi cama. ¡Qué noche y qué pastoral!

Las minas del mineral más duro de la Tierra

El penúltimo día de nuestra misión hicimos un recorrido por las minas de diamantes. Acompañados por unos jóvenes curiosos y por Fernand, uno de los feligreses, tomamos el camino que conducía a las minas. Mientras caminábamos, le preguntamos a Fernand cómo sabían dónde encontrar diamantes. «Eso es un verdadero misterio», nos explicó. «Nadie sabe dónde están. Se mueven según el capricho de los espíritus del agua. Los que hacen prácticas mágicas siempre encuentran piedras grandes. Nosotros, los cristianos, encontramos con dificultad algo próximo al polvo, unas piedrecitas solo un poco más grandes que los granos de arena».

—¿De verdad crees que los espíritus controlan el subsuelo para mover los diamantes? —le pregunté.

—¿Qué quieres que te diga? ¡Todos lo creen! Luego nos explicó que las minas eran el punto de encuentro de toda una jerarquía social. En la cúspide de la pirámide se encuentran las oficinas de compra, desconocidas por los lugareños, pues tienen su sede en Bangui. Un poco más abajo están los colectores, gente rica procedente de otros países africanos que acuden con maletines de dinero para comprar el diamante sobre el terreno. Tienen en sus casas cajas fuertes llenas de billetes y diamantes. Su licencia la emite el Ministerio de Minas. Más abajo están los artesanos mineros, ciudadanos que han pagado para obtener una autorización que les permite trabajar una parcela para extraer diamantes de forma legal. En lo más bajo de la escala están los simples trabajadores, que son los que hacen el trabajo agotador.

Mientras escuchábamos atentamente las detalladas explicaciones de Fernand, nos encontramos con una especie de maceta cuidadosamente colocada sobre tres palos. En su interior había huevos y otros alimentos que no pude identificar, todo colocado junto a un arroyo. Era un sacrificio ofrecido a los espíritus de las aguas. Un poco más adelante vimos a un grupo de jóvenes bañándose en una especie de riachuelo. Era Fungu, un curso de agua termal, caliente en todo momento desde el principio de los tiempos. El río estaba reservado para los hombres, que se bañaban en él desnudos. A las mujeres no se les permitía tomar ese camino para evitar situaciones de incomodidad. Más allá del curso de agua termal llegamos a uno de los hoyos denominados *chantier* o terreno de obras, es decir, el lugar de extracción de los diamantes. Todo se realizaba artesanalmente, sin máquinas ni dispositivos modernos, con una pala, un pico y alguna otra herramienta rudimentaria. Había personas que pasaban meses e incluso años allí.

—Para extraer un diamante —nos dijo Fernand—, primero tienes que identificar el espacio. Generalmente de eso se ocupa el minero artesanal, que es el dueño de ese terreno. Después él mismo crea un equipo de cuatro o cinco personas fuertes para la extracción y comienza el trabajo, que consiste en excavar hasta llegar a la grava susceptible de contener el diamante. La grava es una capa de tierra con unas características muy específicas y que conocemos muy bien. Cuando se consigue llegar hasta la grava, se extrae por completo y se deposita en un lugar aparte.

—Hasta entonces, no se pueden encontrar diamantes, ¿verdad?

—No. Y el trabajo es más duro de lo que imaginas. Después de la extracción de la grava, esta se transporta al río. Allí es donde comienza el lavado en agua, el tamizado y la localización del diamante. Es frecuente trabajar durante años sin encontrar nada realmente consistente.

—¿Y cuál es el papel de las mujeres en todo este proceso?

—Las mujeres se encargan de transportar sobre la cabeza la grava hacia el río. En ocasiones participan en el lavado. Es un trabajo duro que se hace por muy poco dinero. Otras vienen con la intención de satisfacer las necesidades de los trabajadores. Deambulan por la ciudad, esperando recoger lo que los hombres han ganado después de mucho esfuerzo.

Fernand nos explicó que la ciudad era un nido de brujos, satanistas y gente supersticiosa, pero también había cristianos y musulmanes. La creencia en los espíritus del agua tenía una gran importancia en el proceso de extracción de diamantes. En esa zona mucha gente piensa que el diamante es un objeto maligno, por lo que no se puede guardar mucho tiempo en casa. Una vez encontrado hay que deshacerse de él lo antes posible, pues es una fuente de riqueza y desgracia a la vez. Otros creen que, sin dirigirse a los espíritus del agua con encantamientos y ofrendas, no se puede encontrar nada. Otros dicen haber visto diamantes convertirse en piedras, y piedras convertirse en diamantes... Así fue como tomé conciencia de la difícil tarea que me esperaba en mi evangelización. No me toparía con un mundo de increencia, sino más bien con un universo de múltiples y raras creencias, un sincretismo bastante complejo.

Viaje de ida en avión, vuelta andando

Tras haber pasado una Semana Santa espléndida, con muchas confesiones, charlas y celebraciones, había llegado el momento de volver. Como nuestro avioneta estaba averiada, ¿cómo íbamos a regresar a Bangassou? Barajamos varias opciones. Algunos nos proponían realizar los 200 km. a pie; otros hablaban de la conveniencia de ir en bici, o incluso en moto. Por suerte, nos informaron de que había un vehículo en Nzako que iba a ir a Bakouma, a 60 km. de allí. ¡Ya nos las arreglaríamos después para ir de Bakouma a Bangassou!

Aunque nos advirtieron de que era mejor caminar que viajar en automóvil por aquella pista, que estaba en muy malas condiciones, el Lunes de Pascua por la mañana emprendimos el viaje de regreso. Los cristianos se despidieron de nosotros con aclamaciones y grandes gestos de afecto. Los sacramentos que habíamos administrado constituirían su alimento durante un largo tiempo.

Nos subimos al vehículo de un tal señor Tackis. La carretera que unía el pueblo minero con Bakouma era una pista forestal en medio del bosque. El tiempo estimado para 60 kilómetros eran ocho horas, una media de poco más de 7 km/h.

En el coche viajábamos con las autoridades financieras de Bangassou, que habían venido a recaudar impuestos a Nzako. En la zona se les conocía como «buitres», un apodo no muy agradable para simbolizar su forma de proceder. De hecho, nadie creía que recaudaran dinero para el Estado.

Salimos del pueblo de Nzako a paso de tortuga reumática. Todo eran obstáculos en el camino. El conductor zigzagueaba aquí y allá para sortear la maleza, las piedras y los troncos. Después de 18 kilómetros y no sé cuántas horas, el vehículo se estropeó. El motor se apagó. Nos hicieron creer que la única solución para volver a arrancar el automóvil era empujar y eso hicimos, primero hacia delante para buscar una bajada, y una vez finalizada la bajada sin éxito, hacia atrás, para iniciar de nuevo la maniobra. Mientras tanto, el sol nos quemaba los hombros. Estábamos casi a 40 grados. Al final, nos dimos cuenta de algo obvio: el coche no iba a arrancar. ¿Y ahora qué? ¿Dónde estábamos? Yo estaba completamente desorientado. Tackis, taciturno, nos miraba sin decir nada.

Agotados por el esfuerzo de empujar el coche bajo un sol de justicia y acuciados por el hambre y la sed, decidimos caminar hacia lo desconocido. Los amigos de los impuestos nos aseguraron que llegaríamos enseguida al pueblo más cercano, pero nadie sabía exactamente a qué distancia estábamos.

El camino ascendía entre piedras afiladas. En algún momento me entraron ganas de detenerme y encomendarme a la Providencia, pero mi propio orgullo me empujaba a seguir a los demás. Estaba deshidratado y hambriento. A medida que avanzábamos, las piernas cada vez me pesaban más. Llegué a pensar que moriría de sed. De vez en cuando pensaba en el profeta Elías en medio del desierto hacia el monte Horeb...

Caminamos durante varias horas y todavía no había ni rastro del pueblo. Aunque nos seguían insistiendo en que «el pueblo estaba muy cerca», yo ya no me lo creía. Para un africano, acostumbrado a la literatura oral, cerca puede significar tanto cinco kilómetros como veinte. Las distancias son elásticas y se miden en otros parámetros. En estos lugares, la gente está acostumbrada a largas caminatas. Los más fuertes pueden recorrer fácilmente 60 km. al día sin preocuparse por el sol.

Cuanto más avanzábamos, más decrecía la conversación, hasta llegar a extinguirse. Finalmente, después de muchas horas andando sin parar, con los pies ardiendo, el calor inflamando la garganta y con apenas un hilo de voz, llegamos al pueblo en cuestión. Recuerdo que me abalancé hacia la cabaña de una señora que estaba frente a su puerta para pedirle un poco de agua.

—Aquí solo tenemos agua de pozo. ¿Cree que podrá beberla?

—¡Deme cualquier cosa! Y luego caliente el resto del agua.

No sé qué pensaría aquella pobre mujer al ver que le pedía aquellas cosas sin haberle dirigido ni un saludo. Ni siquiera sé si le hablé en sango, que chapurreaba entonces, o en francés, que ella no entendía. El caso es que ella comprendió lo que quería y me lo proporcionó: agua de beber y agua caliente para lavarme. Así recuperé parte de las fuerzas que había perdido por el camino.

Con el problema del cansancio medio solucionado, quedaba la cuestión del hambre. En la plaza del pueblo vendían carne cocida de mono. Compré algunas piezas para todos. Solo Juan José prefirió abstenerse de comer «al primo», como lo llaman en la región. El mono forma parte de los menús habituales de la República Centroafricana. En este entorno donde todo el mundo es presa y depredador al mismo tiempo, la cadena alimentaria no tiene límites. Los monos comen termitas, el hombre come monos; a su vez, el hombre es picado por los mosquitos y estos son devorados por las salamandras. Es una cadena interminable donde todo lo que se mueve se come.

El pueblo de Limite estaba a 30 km. de Bakouma. Eso quería decir que en todo el día, entre lo que habíamos hecho primero en coche y luego a pie, tan solo habíamos logrado recorrer 30 km. ¡Era desesperante! La noche se nos echó encima. La única opción que nos quedaba era buscar una estera y tumbarnos bajo las estrellas. La idea de una noche así me recordó a otras que había pasado en los bosques del Congo. No podía dejar de pensar en los mosquitos, arañas, escorpiones, serpientes, fieras, etc., deslizándose muy cerca de nosotros. ¡Habría preferido no tener una cabeza pensante!

La «mamá» —nombre respetuoso que se les da a las mujeres de cierta edad en Centroáfrica— que me había dado agua, después de saber que éramos sacerdotes, nos prestó una estera para dormir.

Revisitar el pasado

La escena se repetía: tumbados en la colchoneta, un blanco y un negro, en medio de la nada, charlábamos en español. La gente parecía contemplar, discretamente divertida, este espectáculo nuevo para ellos. Compartimos nuestras experiencias pasadas. Yo quería saber cómo él, un mexicano, había aterrizado allí, y él quería saber qué hacía yo, un ruandés, en la República Centroafricana.

—Mi historia es muy larga — le advertí—. No creo que pueda resumirla en pocas palabras.

—Tenemos toda la noche. No creo que pueda pegar ojo en este lugar.

Como Juan José quería saber qué me había llevado hasta allí y yo tampoco tenía sueño, se lo conté. En 1986, cuando tenía 14 años, entré en el Seminario Menor en Ruanda con la idea clara y definida de ser sacerdote. Cuatro años después, en 1990, estalló la guerra. El país, que alguna vez había sido apodado «la Suiza de África», se convirtió en un escenario de desolación. Sus mil colinas se convirtieron en mil problemas. En 1992, en plena guerra, decidí ir al Seminario Mayor, a pesar de todas las ofertas que se me presentaban para un futuro mucho más seguro en todos los aspectos. En particular, decliné la posibilidad de realizar el examen de excelencia que abría la puerta a realizar los estudios en Bélgica. ¡Los caminos de Dios son complejos!

Entré en el Seminario Mayor lleno de ilusiones. Tenía cierta idea de lo que era un sacerdote —una imagen bastante alejada de la que tengo ahora—, pero no sabía nada acerca del sacerdocio que Dios quería para mí. Me veía brillando en el Seminario Mayor como lo había hecho en el Menor, saliendo orgullosamente aplaudido entre los mejores de todas las promociones. Me veía ocupando puestos de alta responsabilidad en la jerarquía y predicando sermones de extraordinaria grandilocuencia. Como aprendiz de poeta, no albergaba dudas sobre mi futuro en la oratoria y la retórica. No pensaba en la idea del sufrimiento, el sacrificio, la superación, la angustia y esas otras realidades que muchas veces escapan a nuestras previsiones. Y, sin embargo, en el fondo de mi alma, amaba el sacerdocio sin saberlo. La elección del sacerdocio en detrimento de la beca de excelencia fue realmente libre, pero es difícil de explicar.

Con mis otros compañeros seminaristas, iba de sueño en sueño. Escribíamos poesía, obras de teatro, rivalizábamos en elocuencia, descifrábamos partituras musicales, hacíamos investigaciones literarias. Y nos decíamos: «Preparemos bien nuestro futuro en esta Iglesia, la de Ruanda». Teníamos vocación de servir a la Iglesia, pero a nuestra manera. Jamás se me habría pasado por la cabeza que tendría que dejar mi país, e incluso África. ¿Quién podía imaginar lo que nos deparaba el futuro? Sin embargo, todos aquellos preparativos iban a serme muy útiles en otros campos lejos de Ruanda. Nunca está de más hacer buenos planes. El bien que hacemos nos construye y repercute en los demás mucho más de lo que pensamos.

En 1994 sucedió lo imprevisible: el presidente de la República fue asesinado, así como la primera ministra, el jefe del Estado Mayor del Ejército y el presidente de la Corte Constitucional. Aquello fue el detonante del genocidio. Daba la sensación de que el diablo había expulsado al buen Dios de aquella tierra. El sentido común dejó paso a la locura. Gritos de muerte resonaron en cada rincón, en cada colina. Las iglesias se transformaron en cementerios. Las calles quedaron en manos de milicianos y se llenaron de cadáveres. Los que no morían, vivían con miedo o escondidos, o huían. Ruanda pasó a ser un lugar de muerte. Se podría parafrasear a La Fontaine: «No todos morían, pero todos estaban afectados». Nadie estaba a salvo de la tragedia. El genocidio de Ruanda marcó un antes y un después en muchas vidas, incluida la mía.

Movidos por la desesperación, fuimos muchos los que decidimos salir del país. En medio de una multitud de personas, hombres, mujeres y niños, llegué a Zaire, hoy República Democrática del Congo o Congo-Kinshasa, en un caos absoluto. Allí supe lo que era vivir en un campo de refugiados.

Cuando crucé la frontera, después de contemplar escenas de indescriptible crueldad humana, no sabía que me iba por mucho, mucho tiempo. Tampoco sabía que los dolores acababan de empezar. Era la entrada en un túnel cerrado donde solo la esperanza sostenía lo que quedaba de vida. El resto de la historia es tan largo que me llevaría demasiado tiempo contarlo, pero en aquel tiempo de desgracia tuve la experiencia única de un Dios de amor que se hace presente cuando todo lo demás se llena de oscuridad.

Cuando estaba todavía contándole mi historia a Juan José, se escuchó el ruido de un motor. ¡Era un coche! Había venido de Bakouma para rescatarnos. Llegamos a Bakouma a las cuatro de la madrugada. Horas después, el padre Juan José, muy pálido, vomitaba violentamente sin echar nada consistente. Era víctima de una deshidratación severa tras la caminata del día anterior. En mi caso, creo que el agua caliente vertida al aire libre me había ahorrado las molestias del cansancio y del calor.

Mi primer viaje en moto

La segunda vez que fui a Nzako tampoco resultó nada fácil. No fui en avión, sino en moto, un artefacto que tuve en mis primeros días de misión en Bakouma. Era digna de un museo de máquinas de dos ruedas. Estaba destrozada por dentro, aunque su apariencia externa aún podía engañar a los incautos. El motor zumbaba como un viejo asmático.

Había sido preparada para el viaje con el mayor cuidado posible. El día anterior, un mecánico había desmontado todas las piezas y las había vuelto a montar. Según él, todo estaba a punto. Evidentemente, no había contado ni con mi torpeza para manejar la moto ni con el camino que tenía que recorrer.

La mañana del viaje me desperté lleno de ideas. Había dudado entre viajar solo o llevar un conductor que pudiera ayudarme en caso de problemas, pero al final opté por no llevar acompañante. Nunca había hecho más de diez kilómetros solo en moto. Ingenuamente, sobreestimé mis capacidades.

Salí muy temprano. Después de tres kilómetros, ya no podía ver ninguna senda. Me sumergí en una pista perdida en el bosque. El camino a Nzako era prácticamente inexistente. Incluso a pie, era muy fácil perderse. Después de una hora de camino apenas había recorrido diez kilómetros. Me encontré frente a un terreno muy pedregoso. Me acordé en seguida de las carreras de motocross que había visto por televisión, donde parece que la moto vuela sin alas, pero yo no me decidía a lanzarme. Hay que ir despacio, me dije, sortear cada piedra con la mayor destreza posible, acelerar solo después de haber superado el obstáculo..., y toda una serie de teorías, dignas de un profesor de cirugía que nunca ha tomado un bisturí. Era bueno como plan, pero nada más.

Nada más empezar a subir la cuesta llena de piedras, me encontré en el suelo, con la moto encima, sin tener ni idea de lo que había pasado. A veces no es suficiente con ser cauteloso, también hay que saber hacer las cosas. Traté de levantar la moto, pero no pude. Pesaba demasiado. Afortunadamente, un hombre que se dirigía a su huerto me vio y me ayudó a poner la moto sobre la pista. Le sorprendió ver a un sacerdote que no sabía montar en moto; en aquella zona, todos los curas se movían con destreza en ese medio de transporte. Después de ver lo que me costó volver a ponerme en marcha, me sugirió respetuosamente que buscara un conductor. Puede que fuera un aldeano sin estudios, pero no era ningún ignorante.

Antes de los once kilómetros, la moto se detuvo definitivamente. Por más que lo intenté, no pude volver a arrancarla. ¿Y ahora qué? No conocía el camino y no sabía dónde estaba el siguiente pueblo. Perdido en medio de la nada, me puse en las manos de Dios. Y entonces tuve otro golpe de suerte: otro hombre que iba a su huerto me reconoció. Me convenció de que volviera hacia atrás, a un pueblo que ya había pasado. Había salido de la parroquia a las seis de la mañana y ya eran las diez. Decidí hacer caso a aquel hombre y volví sobre mis pasos hasta el pueblo anterior, donde me quedé durante todo el día. No tenía ni idea de dónde estaba, ni cómo comunicarme con la parroquia. ¿Qué era mejor, dar la vuelta o tratar de continuar? Horas más tarde seguía en la misma situación. Nadie sabía arreglar la moto. Varios lo habían intentado, pero la avería superaba el nivel de un simple manitas.

Algunas mujeres del pueblo me trajeron plátanos maduros para comer. Me reconocieron como el nuevo sacerdote. Me informaron de que había cristianos en el pueblo, pero no había ninguna iglesia. Todos los domingos viajaban tres o cuatro kilómetros para participar en la celebración dominical en otro pueblo.

Durante todo el día que pasé allí no vi comer a nadie. ¡Me moría de hambre! Pero al ver a los demás aguantando, no tuve más remedio que controlarme. En mi cultura, el hombre no hace alarde de sus debilidades ante los demás. Más tarde supe que en el territorio de mi parroquia la gente comía solo una vez al día, hacia el anochecer, a falta de algo mejor.

También me contaron algo de su ciclo nutricional. La mayor parte de su comida procedía de la naturaleza, tan abundante y generosa. Dependiendo de la estación, las mujeres bloqueaban el curso de los arroyos para recoger peces; en otra época del año, entraban en la selva para desenterrar ciertos tubérculos comestibles, o para recoger setas, orugas o termitas para comer. Los hombres recorrían kilómetros buscando miel en los troncos de los árboles y tantas otras bondades de la naturaleza. Toda la carne que se comía provenía de la caza.

Al caer la noche, cuando ya estaba casi desesperado, escuché el sonido de un motor. Era el vehículo de la parroquia. El padre Juan José se había enterado de lo que me había pasado gracias a un transeúnte, y había puesto en marcha el coche para recogerme, desafiando los obstáculos. Volvimos a casa.

Mi viaje a Nzako había sido un fracaso. Entonces comprendí dos cosas: que no estaba preparado para hacer un viaje largo yo solo en la moto y que mi evangelización no iba a ser un paseo por la playa. Cuando tocamos el fuego, es cuando realmente descubrimos cómo arde...

Los mecánicos locales repararon la moto durante la noche. Estaba decidido a retomar la aventura al día siguiente, pero esta vez de la mano de Robert, que trabajaba en el garaje de mi parroquia. Este muchacho fuerte y jovial, honesto y preocupado por su futuro, iba a ser una pieza clave en mi labor pastoral posterior.

Salimos por la mañana temprano. Robert conducía mucho mejor que yo. Observé cómo iba cambiando de marcha en algunos lugares y poniendo los pies en el suelo en otros. En poco tiempo ya estábamos en el lugar donde yo había caído el día anterior. Muy despacio, con la moto en primera, Robert puso los pies en el suelo a cada lado y aceleró lo justo para hacer avanzar la moto. Poco a poco, la moto fue superando los obstáculos.

Cuando estábamos a unos quince kilómetros de la parroquia, la moto frenó bruscamente.

—¿Qué pasa, Robert?

—Tenemos un problema. Se ha roto la palanca de cambios.

La palanca de cambios no funcionaba. Por tanto, la moto no podía aumentar la velocidad ni reducir la marcha, ni avanzar ni retroceder.

—¿Sabes cómo arreglarla?

—Sí, pero no aquí. Hay que hacer una soldadura. El único lugar donde se puede hacer algo así es en Bakouma o en Nzako.

—Entonces, ¿qué hacemos?

—No lo sé.

—¿Hay algún pueblo cerca?

—Sí, muy cerca.

—Pues mientras encontramos una solución, vamos a empujar la moto hasta el pueblo.

Eso hicimos. Antes de llegar, un hombre que estaba cultivando su huerto me reconoció. Era un feligrés. Se acercó a saludarnos. Cuando vio lo que nos había pasado, en seguida se ofreció a llevarme en su bicicleta a Nzako. Me sorprendió gratamente esta disponibilidad de ayuda a un sacerdote en el cumplimiento de su misión. Antes de tomar una decisión, miré a Robert.

—Robert, ¿a ti qué te parece la propuesta?

—Bueno, quedan unos 45 km. para llegar a Nzako. Él puede llevarte. Tardaréis en llegar unas seis horas.

—¿Y con las piedras y los hoyos de esta pista, la gente se atreve a ir en bicicleta?

—¡Uy, aún no has visto nada! Aquí la gente está acostumbrada a la vida dura. De todos modos, los pies son más seguros que las máquinas.

—Y si sigo a Nzako en bici, ¿qué os pasará a ti y a la moto?

—Yo puedo regresar andando a Bakouma para soldar la palanca de cambios. Y mañana vuelvo andando otra vez a buscar la moto, la arreglo y me reúno contigo en Nzako.

Robert hablaba de caminar quince kilómetros de ida y otros tantos de vuelta por la selva con una naturalidad que a mí me asustaba. A mí me asaltaban muchas preguntas. ¿Era seguro ir en la bici por ese camino? ¿Era prudente dejar que Robert caminara toda esa distancia solo? ¿Y qué decir sobre abandonar la moto en un pueblo desconocido? ¿Podía confiar en aquel señor, que había salido de la maleza y me proponía llevarme en su bici sin pedir nada a cambio? Y si decía que no a todo eso, ¿qué opciones tenía?

No tuvimos más remedio que dejar la moto en un cobertizo frente a la cabaña de Édouard, el aldeano. Después me senté detrás de él en la bicicleta y Robert tomó el camino de vuelta hacia la parroquia. La idea de dejar la moto en un cobertizo de paja en un pueblo enteramente hecho de paja en medio de la selva no dejaba de atormentarme, pero aparentemente yo era el único con esas preocupaciones.

La mejor manera de viajar en África es andando... a veces

Cuanto más avanzábamos Édouard y yo, más aumentaban mis preocupaciones. Pasamos más tiempo y distancia empujando la bicicleta que pedaleando. Era casi lo mismo que caminar a pie, con la única diferencia de que me acompañaba un campesino muy generoso y feliz de transportar a un sacerdote gratuitamente. Para luchar contra el cansancio y la desesperación, fui sacando temas de charla.

—Dime, Édouard, ¿cómo está organizada la Iglesia católica en tu pueblo?

—No tenemos ninguna iglesia donde celebrar misa. El pueblo está formado por los habitantes de Fadama, que vinieron con el objetivo de cultivar los campos. Viven corporalmente aquí, pero tienen el espíritu en el pueblo-madre.

—¿Dónde está Fadama?

—¿Aún no has estado en Fadama? Todo el mundo lo conoce. Está a tres kilómetros de la parroquia de Bakouma. Ahí es donde nacimos y ahí es donde está nuestra iglesia.

—Si te he entendido bien, Édouard, ¿todos los domingos caminas o vas en bicicleta para asistir a misa en Fadama, a 12 km. de tu pueblo, y cruzando la selva? ¿Y luego haces otros tantos kilómetros de vuelta?

—Así es. Incluso las personas mayores lo intentan. Hemos intentado construir una capilla en el pueblo, pero no lo hemos conseguido. El sentimiento general es que nuestra iglesia es la de Fadama. Además, hacer doce kilómetros a la semana nos sirve de peregrinaje. ¡No nos importa!

—¿Y por qué preferís cultivar los huertos tan lejos, cuando podríais hacerlo mucho más cerca de Fadama?

—Hay dos razones. La primera es que, si cultivamos los huertos cerca del pueblo, las cabras se lo comen todo. La segunda es que buscamos tierra virgen. Cada año nos alejamos un poco más en busca de tierra nueva para una mejor producción.

—¿Y no podéis atar las cabras para que no vayan a los campos? ¿Y por qué, con las mismas cabras, no hacéis estiércol para abonar los campos, en vez de ir a talar la selva virgen todos los años?

Ante estas preguntas, Édouard puso cara de incredulidad. Me miró sorprendido, como si fuera el Principito venido de un asteroide lejano. Mis propuestas le parecieron una tontería.

—¿Atar las cabras? Nadie ata a las cabras. Si atamos a las cabras, morirán. ¿Dónde has visto una cosa así? Son libres, como los pájaros. Se mueven por donde quieren, duermen donde quieren y comen lo que quieren. Y además, las cabras no están para producir estiércol. Están para que nos las comamos.

Para no continuar una discusión que obviamente se refería a un asunto desconocido para él, cambié de tema.

—¿Cómo os las arregláis para talar un bosque virgen sin medios modernos?

—Es muy sencillo. Cortamos los árboles grandes con un hacha. Es un trabajo de hombres. Luego encendemos fuego para quemar todas las ramas, la maleza y las hojas. Una vez preparado el campo, sembramos. Eso es trabajo de mujeres.

—Pero si prendes fuego a un campo en medio del bosque, ¿no te arriesgas a quemar todo el bosque a tu alrededor?

—¿Y cuál es el problema? No pasa nada. Cuando el fuego se escapa para apoderarse de todo el bosque, no se le molesta. El fuego se mueve en libertad y se apaga cuando quiere. Nuestro bosque es ilimitado. Mira a nuestro alrededor. ¿Tú ves los límites de este bosque?

—¿Y no está prohibido quemar el bosque?

—¿Prohibido? ¿Prohibido por quién? Incluso hay épocas del año en las que casi todo el país arde. Todo el mundo prende fuego donde quiere. Ese es un ejercicio que aprenderás a realizar cuando empieces a integrarte en nuestro sistema.

Me quedé pensando en lo que Édouard acababa de decirme: «... cuando empieces a integrarte en nuestro sistema». La idea de integrarme en su sistema me asustó mucho. ¿De qué sistema estaba hablando?

Más adelante comprendí que los bosques se queman por varias razones. El fuego se utiliza para eliminar la maleza, así como los animales que pueden atacar los campos y las aldeas. Mata a las serpientes y prepara los pastos para las cabras que deambulan por los pueblos. En algunas partes del país, el fuego se utiliza para cazar. El día acordado, se marca un círculo en el bosque y se enciende el fuego. Todo el pueblo sale con machetes y garrotes para acabar con las ratas, liebres, serpientes, pájaros y murciélagos que, huyendo del fuego, caen bajo los golpes de los aldeanos. Una vez muertos, se los llevan directamente a la olla sobre el fuego. ¿Quién dijo que ese modo de vida estaba pasado de moda? Hay que ver el espectáculo de todo un pueblo esperando la comida gratuita que sale de la selva huyendo del fuego.

Édouard seguía contándome historias de campos y bosques cuando, de repente, y sin que nos diéramos cuenta del tiempo transcurrido, vimos Nzako. Acabábamos de hacer más de 45 km. Él creía evidentemente que los habíamos hecho en bicicleta, pero yo estaba convencido de que los habíamos hecho a pie. Él tenía sus razones y yo las mías. Había salido de la parroquia a las seis de la mañana y llegué a mi destino a las cuatro de la tarde. ¡Casi un día entero para recorrer 60 kilómetros! Pero con la bici no nos habíamos quedado tirados. Robert tenía razón: ¡los pies son más seguros que las máquinas! Cuando pensé que tenía a mi cargo catorce comunidades a las que debía visitar regularmente, fui consciente de la tarea que me esperaba. Afortunadamente, contaba con la fe y el celo de un sacerdote recién ordenado.

Nada más llegar a la entrada del pueblo, nos llamó un señor que era miembro del consejo pastoral de la comunidad local. Había estado todo el día allí, esperándome para darme la bienvenida. Aquel gesto me sorprendió. Nos acompañó a la iglesia, donde nos esperaban casi todos los cristianos. Se habían pasado todo el día anterior esperando, y cuando vieron que no llegaba, decidieron ir a casa y volver a la iglesia al día siguiente. ¡Qué fervor y qué fidelidad!

Al ver la generosidad con que me esperaron y me acogieron, entendí la importancia que aquella gente humilde daba a la persona del sacerdote. Cantaban, bailaban y venían a mi encuentro con ramitas en la mano. Daban gracias a Dios por haberme protegido y pedían bendiciones de lo Alto por mi permanencia entre ellos. Estaba impresionado. Me contaron que el día anterior, cuando cayó la noche y vieron que no llegaba, habían decidido rezar juntos el rosario para encomendarme a la Virgen María. Desde ese momento, me enamoré de aquella comunidad. Me olvidé de todas las dificultades del viaje y me puse a su disposición para darles lo mejor de mí.

Una cama pasada por agua

Esa misma tarde empezó a llover. Una lluvia torrencial se abatió sobre Nzako y todos se fueron a sus casas. Yo me marché a la cabaña que nos había albergado a Juan José y a mí durante la Semana Santa, en el viaje anterior. Al entrar, me vino inmediatamente a la mente la historia de las serpientes ficticias y los gatos que robaban comida, pero aquella noche me esperaban otras peripecias.

La paja que cubría la cabaña no estaba bien colocada y era vieja. Cuando estuve con Juan José era la estación seca y no habíamos notado nada, pero esta vez estábamos en la temporada de lluvias y la paja rezumaba agua por todas partes. Mi camastro estaba empapado. Traté de girarme, pero no sirvió de nada. El techo era un colador. Era lo mismo que estar fuera. Después de un día agotador, me tocó pasar una noche de insomnio bajo la lluvia.

Tomé la decisión de utilizar todos los medios posibles e imposibles para construir, con ayuda de los cristianos, un alojamiento medio decente para los sacerdotes en Nzako. Al día siguiente, convoqué una reunión con los miembros del consejo. Los feligreses, divididos en pequeños grupos y fraternidades, se comprometieron a hacer los ladrillos, picar piedras en la selva para los cimientos, buscar la grava y la arena y transportarlas al lugar indicado. Por mi parte, me comprometí a comprar láminas para el tejado y cemento en Bangui, asegurar el transporte hasta Bakouma y pagar al albañil. Los que tenían bicicletas harían turnos para ir a buscar los sacos de cemento a Bakouma. El consejo pidió a los scouts católicos que llevaran las láminas de cuatro metros —¡sobre sus cabezas!— desde Bakouma hasta Nzako. Estaba impresionado por la capacidad de decisión del consejo, compuesto exclusivamente por laicos. Posteriormente todo se ejecutaría como habíamos planeado. Fue un verdadero espectáculo ver a los scouts de noche —para no tener que aguantar los rayos del sol— en medio del bosque, llevando las planchas de metal sobre la cabeza durante 60 km.

Una escuela para Bamara

Tras soldar la palanca de cambios, Robert llegó a Nzako al final del día, con la moto funcionando y un hambre de lobo. No había comido casi nada durante dos días.

En mi programa tenía previsto conocer la comunidad de Bamara, situada 18 km. más allá de Nzako. De nuevo, y por imprudencia, cogí la moto solo. No conocía el camino ni los obstáculos reales. Fue una locura como tantas otras. Peor aún, porque ahora había llovido, y cuando llueve los arroyos aumentan su caudal, los caminos se borran y los árboles caen en mitad de las pistas. Todo el paisaje cambia de apariencia.

Cuando llegué al primer riachuelo, decidí lanzarme audazmente a cruzarlo. Afortunadamente, la moto obedeció y salí sin mucha dificultad. Así fue como llegué sano y salvo al pueblo de Bamara. Allí también me esperaban, tanto los cristianos como los no cristianos. Los musulmanes se habían puesto sus chilabas festivas a la espera de la que consideraban — eso lo iba a comprender más tarde— como la solución a todos sus problemas. Bamara, que significa «león» en el idioma local, era un gran pueblo improvisado junto a una mina de diamantes. Todas las casas estaban construidas enteramente de paja. Era un verdadero espectáculo paisajístico. No había escuela, ni farmacia, ni centro de salud. Algunos padres enviaban a sus hijos a la escuela en Nzako, pero a la larga la distancia acababa por desanimar a los niños. Ninguna autoridad administrativa había llegado hasta allí, ni tampoco ningún sacerdote. El jefe de la aldea tenía el mando —y hasta una vara de mando—. Hacía él solo de líder, policía, juez y abogado.

La primera preocupación de la gente de Bamara era tener una escuela. Me preguntaron si podía ayudarlos a montar una escuela de pueblo, creada y financiada por ellos mismos. Tras consultarlo entre todos, decidimos poner en marcha el proyecto. Después de celebrar misa en un cobertizo en medio de la euforia general, decidí volver a Nzako. A la vuelta no tuve la misma suerte que en el viaje de ida. Llegué al arroyo que por la mañana había cruzado sin dificultad y pensé en hacer la misma operación. Puse la moto a toda velocidad, pero durante el día la corriente había arrastrado un trozo de madera y lo había depositado justo donde yo tenía que pasar. Tan pronto como llegué a la mitad del río, el neumático delantero se enganchó en el tronco y la moto se detuvo y se apagó. En un instante me encontré en el agua con la moto encima. El agua era tan profunda que me cubría completamente. Al otro lado del río algunas mujeres contemplaban divertidas la escena. Luché por liberarme. Tenía que actuar con rapidez. No sé ni cómo conseguí salir del agua. Cuando las mujeres me vieron la cara, me reconocieron y exclamaron: «¡Pero si es el nuevo sacerdote!». Sentí mucha vergüenza.

Pero la aventura aún no había terminado. Cuando logré sacar la moto del agua no arrancaba. Siendo sacerdote y no mecánico, sabía celebrar misa, pero no reparar motores. La única solución era empujar la moto hasta Nzako. Me puse en marcha. Afortunadamente, Dios siempre vela por los pobres, y apareció otro motorista detrás de mí. Después de explicarle mi problema, muy amablemente y sin pedirme nada a cambio, limpió las partes inundadas del motor con las herramientas que llevaba y la puso en marcha. Llegué a Nzako cansado y mojado, pero orgulloso de haber hecho al menos un viaje en moto yo solo.

Jesús, tumbado en un jergón

Al día siguiente, el socorrista del centro de salud que se hacía llamar médico en toda la ciudad se me acercó. Era miembro del coro católico e inspiraba respeto por su oficio. Era la única persona enviada oficialmente a la zona por las autoridades sanitarias para cuidar de la salud de sus miles de habitantes. Además, a pesar de que su nivel de formación era muy inferior al de un enfermero, el pueblo le había otorgado sin dudarlo el título de doctor.

Me habló de un paciente que tenía una herida incurable y llevaba meses acostado en su cabaña. Como creía en mis poderes espirituales o mágicos, me rogó que fuera a verlo y le impusiera las manos. Fuimos por la tarde a evaluar la situación y nos acompañaron algunos miembros de la comunidad católica.

Aquel hombre vivía en una choza miserable que se caía a pedazos, mal cerrada y peor techada. Parecía casi abandonada, y estaba infestada de insectos e invadida por la maleza. El joven socorrista tomó valientemente la iniciativa y yo lo seguí. Nada más entrar, me recibió un olor tan desagradable que me entraron náuseas. Un poco más adentro, un hombre yacía sobre un jergón, pero no podía decir si era un hombre vivo o simplemente un montón de carne viva. Era horrible. Una herida abierta le carcomía todo el costado, desde las plantas de los pies hasta las costillas, pasando por la pierna y los muslos. La piel había dejado la carne podrida apenas colgando sobre los huesos, que rezumaban un líquido putrefacto. Las moscas se habían instalado allí y revoloteaban como si se tratara de un festín. El resto del cuerpo estaba tan esquelético que parecía como si su cabeza estuviera plantada en un tallo frágil. ¡Qué escena! Pensaba que lo había visto todo en mi vida, pero evidentemente me quedaba mucho por ver.

El paciente, haciendo acopio de fuerzas, murmuró:

—Tengo hambre y sed. Llevo tres días sin comer ni beber.

—Te traeremos comida—le dije, retirándome a toda prisa.

Salí de allí con la sensación de haber visto a un Jesús despojado y tendido en la más absoluta miseria. Sin embargo, no tuve el valor de tocarlo, orar o imponerle las manos. Me avergonzaba salir antes que los demás, cuando se suponía que debía darles un ejemplo de caridad. ¿Tendría una enfermedad contagiosa? ¿Qué le habría pasado para llegar a ese extremo?

Luego le pregunté al joven socorrista qué podíamos hacer por aquel hombre.

—Hace tres semanas todavía pensaba que podíamos salvarlo. Hoy soy más pesimista.

—¿Entonces?

—Teniendo en cuenta las condiciones sanitarias y la precariedad de su situación, no creo que pueda sobrevivir. Ya no es posible llevarlo a un hospital mejor equipado. Perdone la expresión, pero es un pre-cadáver.

Asentí. ¡Un pre-cadáver! Ese día decretamos la muerte de un hombre todavía vivo. Fuimos conscientes de nuestra impotencia. A pesar de la presencia de diamantes de alto valor en la zona no había ni hospital en condiciones, ni médico, ni equipo médico adecuado, ni una ambulancia capaz de transportar un caso como aquel, ni una carretera para trasladarlo a otro centro. Una vez más, podía comprobar que las riquezas de África no benefician a los verdaderos propietarios. Tener un territorio repleto de recursos minerales no garantiza en modo alguno la prosperidad de un lugar.

—¿Quién le cuida a diario?

—Nadie. Hace algún tiempo, un hombre le alimentaba y le compraba medicinas de vez en cuando, pero se desanimó y lo dejó. Creo que este paciente morirá antes de hambre que de la herida.

—En ese caso, vamos a visitar al benefactor.

El socorrista me llevó a casa de un señor que nos recibió muy amablemente y nos explicó brevemente la situación:

—He hecho todo lo que he podido, pero después de un tiempo he tenido que rendirme. Mi esposa acaba de dar a luz y me he gastado todo el dinero en el parto. Además, tengo la impresión de estar solo frente al mundo entero: mi mujer y mis hijos me desaconsejan volver a esa casa por miedo a que me contagie. Ya no quieren tocar nada que venga de allí.

Le di algo de dinero, rogándole que continuara con aquella obra de caridad, al menos para evitar que el paciente muriera de hambre. Me fui con la cabeza llena de dudas sobre lo que podría haber hecho, pero no alcanzaba a ver cómo podría haberlo hecho mejor. Aquel caso me mostró lo frágiles que somos y cómo un ser humano puede encontrarse solo en agonía, completamente abandonado y soportando un sufrimiento inimaginable. También fui consciente de la impotencia ante ciertos casos, a pesar de la buena voluntad.

Pasé la noche dándole vueltas a la cabeza. ¿Cómo dormir tranquilo después de presenciar aquello? A pesar de mis reflexiones, no veía cómo conciliar mi deseo de hacer el bien con mi manifiesta impotencia. ¿Cómo podemos pretender vivir felices en un mundo tan injusto y desigual? ¿Cuántas personas sufren y mueren en el anonimato y la angustia?

Los salteadores de caminos

El camino de Nzako siempre fue para mí un camino de purificación y de aprendizaje. Rara era la vez que volvía de allí sin una anécdota inolvidable. Decidí reparar la carretera y reconstruir todos los puentes. Con la ayuda de los recolectores de diamantes de Nzako y la colaboración de los jóvenes tardamos dos años en lograr que un coche llegara a la localidad después de tres horas de viaje, lo que fue una hazaña teniendo en cuenta el estado previo de la carretera.

A medida que avanzaban las obras, seguí haciendo con la moto viajes de extrema dificultad y grandes descubrimientos.

En la semana de Navidad de 2005, yo había invitado a un sacerdote amigo, el padre Alain, para que me ayudara a hacer un recorrido completo visitando a todas las comunidades que estaban en el eje Bakouma-Nzako. Él conducía la moto y yo iba agarrado detrás.

Antes de que hubiéramos recorrido 30 kilómetros, un hombre harapiento nos detuvo con lágrimas en los ojos.

—¿Qué le ocurre? —le pregunté.

—No sigan adelante. ¡El camino es malo!

—¿Qué quiere decir? ¿Hay un deslizamiento de tierra o un puente roto?

—No, acabo de ser víctima de unos terroristas. Se han llevado mi bolsa y todo mi dinero. Me han roto los pantalones. Van encapuchados y armados. Te paran y te dan una paliza antes de robarte todo.

—¿Dónde están?

—Muy cerca de aquí, a menos de dos kilómetros.

Había oído hablar de los salteadores de caminos. Eran hombres armados que vagaban por el bosque, una especie de bandidos. De vez en cuando salían al camino para saquear a los viajeros. Había estado a punto de tropezar con ellos en varias ocasiones, pero nunca me los había encontrado cara a cara. Terminé por pensar que yo no les interesaba.

—Alain, ¿qué hacemos?

—Creo que lo mejor es parar un rato y dejar que se vayan.

Detuvimos la moto y nos escondimos entre los árboles. Esperamos durante una hora aproximadamente. Después de ese tiempo llegó un caminante que nos dijo que no había visto ni oído nada. Era una buena señal. Partimos de nuevo y las personas que nos encontramos nos dijeron que también habían sido víctimas de esos malhechores.

El mono de Kono

Después de varias caídas con la moto llegamos a Kono, un pueblo minero situado a 45 km. de Bakouma en la carretera de Nzako. Como en todas las ciudades mineras, la miseria acechaba en las chozas de paja, donde se hacinaban familias enteras, movidas por la esperanza de un mañana mejor que no llegaba y que tal vez nunca llegaría.

En Kono había una comunidad cristiana bastante pequeña, pero muy comprometida. El consejo eclesial estaba muy unido. Nuestra idea era pasar dos días allí, conocernos, celebrar misas, confesar y seguir después hacia otra comunidad. Nos recibieron con los brazos abiertos. Todos los habitantes se habían enterado de nuestra visita. El jefe, musulmán, vino a saludarnos y a negociar la creación de una escuela. Para convencerme me habló de su segunda esposa, que era cristiana.

Nos instalaron en nuestras respectivas cabañas. Nos calentaron agua para que pudiéramos ducharnos y nos prepararon la comida. La ducha es al mismo tiempo la letrina, una especie de cuchitril encima de un gran agujero. Allí mismo colocaron un cubo de agua caliente y un jabón sólido de fabricación local. El olor a excremento, combinado con la presencia de moscas verdes, anulaba todo el placer de darse una ducha de verdad. Por otro lado, había que ser un poco equilibrista para no colar la pierna entre las dos piezas de madera que separaban el desagüe en la parte inferior y la ducha en la parte superior. Pero allí al menos había un refugio para proteger la intimidad. En otros lugares, había que darse la ducha bajo las estrellas al amparo de la noche.

Por la tarde fuimos a la iglesia para ocuparnos de las diferentes actividades. Sin embargo, encontramos un número muy pequeño de cristianos. ¿Qué había pasado? Después de las celebraciones dimos un paseo por el pueblo. Por la tarde nos reunimos alrededor del fuego en el recinto que nos cobijaba. Había mucha gente congregada allí, cristianos y no cristianos. Todos querían escuchar a los sacerdotes.

—Hoy había poca gente en la iglesia. ¿Hay algún problema del que deba estar al tanto? —pregunté.

—Sí y no —me respondió un hombre—. A nivel de nuestra comunidad no hay problema, pero a nivel de nuestras actividades agrícolas hay uno grave. Me temo, padre, que no ha elegido una buena fecha para venir. Estamos en plena temporada de la cosecha de maíz.

—¿Y eso qué significa?

—Creo que deberías decirle al jefe de la Iglesia universal que ponga la Navidad en otro momento, porque esta fecha siempre la celebramos mal por la coincidencia con nuestras cosechas. Nuestro problema es que tenemos un mono cuya actividad sobrepasa nuestro entendimiento. Es un mono rojo, tan viejo como yo y quizás más inteligente que todos los que estamos aquí. Es tan astuto que acabará por volvernos locos.

—¿Y qué ha hecho el mono?

—Es la encarnación misma del diablo. Lleva años amenazando nuestros cultivos. Hemos intentado cazarlo, pero todavía no lo hemos logrado. Conoce todas las trampas, todos los sistemas de caza y todas las tretas humanas. Hace muecas como una bruja vieja. Se ríe de nosotros en todos los sentidos. Para empezar, tiene toda una manada de hermanos y hermanas a los que mandar. Cuando aparece en el campo es para arrasarlo todo el mismo día. Conoce los días de la semana. Sabe muy bien cuándo es domingo. Cuando escucha el sonido de las campanas, sabe que los cristianos van a la iglesia. Entonces llama a todos sus hermanos y hermanas, primos, tíos y todo lo demás, se reparten por todos los campos, y los devastan. No tiene piedad. Los monos tienen la particularidad de hacer todo perversamente contra los hombres. Cuando llegan a un maizal, en lugar de comer lo que pueden, se divierten. Cogen todas las mazorcas, comen solo un poco y luego las tiran al suelo. En menos de una hora, te encuentras todo el maíz mordisqueado y tirado por el suelo.

—Pero, ¿no hay forma de matar a ese mono o asustarlo?

—Padre, créame, conocemos bien a los monos porque nos los comemos todos los días. Pero este es diferente. Controla nuestros movimientos. Organiza a su manada como se organiza un ejército. Siempre está al frente, como un general. Una vez en el campo, deja un centinela en un árbol antes de permitir que los demás empiecen su fechoría. La misión del centinela es montar guardia y avisar a los demás de la llegada del hombre. A la menor señal, emite un grito específico y todos los monos huyen dando brincos. Cuando está lejos del alcance de las balas de nuestros rifles, el líder se detiene, hace algunas muecas y sonríe. ¡Se burla de nosotros! Cuando está solo, utiliza otra táctica: vigila los movimientos del dueño del campo. Si te colocas al este del campo, él va al oeste. Entonces mueve un tallo de maíz para que veas que está allí, pero lo hace para distraerte. Tan pronto como te mueves para ver de qué se trata, él va en sentido contrario y se instala donde estabas tú antes.

—¿Y no habéis intentado colocar espantapájaros para asustarlo?

—No sirve de nada. ¡Claro que lo hemos intentado! Pero los monos no son como los demás animales, ni mucho menos. Cuando este mono ve un espantapájaros en el campo, comienza a jugar con él tirándole maíz, y cuando ve que el títere no reacciona, concluye que es un engaño. Entonces va, se sube en él y se come el maíz, controlando todo el campo. Creemos que ese mono en realidad es un espíritu maligno disfrazado de animal. Si fuera un mono, lo habríamos matado hace mucho tiempo. Hay demasiados secretos en el bosque. Este es uno de ellos.

«Hay demasiados secretos en el bosque», otra frase enigmática que debería descifrar con el tiempo. Sin embargo, entendí por qué había pocos cristianos en la iglesia. La mayoría estaba en sus campos, vigilando al famoso mono viejo. Entre la supervivencia y la oración, su elección había sido muy clara.

Poco a poco llegué a comprender la lucha diaria de los aldeanos. Dado que los animales superan en número a las personas, dominar la naturaleza es una tarea difícil. Cuando siembras calabazas, por ejemplo, las ardillas vienen y lo desentierran todo. Nadie sabe cómo detectan exactamente dónde está enterrada la semilla de calabaza. Yo mismo lo experimenté al querer dar ejemplo a los feligreses. Había sembrado calabaza en más de una hectárea. Después de unas semanas esperando ver salir los cogollos, me sorprendió no ver nada. Al consultar a los productores locales, me hicieron entender que había cometido un error al sembrar un día en que no había llovido. Así, las ardillas siguieron mis huellas y se comieron todas las semillas. Habría sido necesario sembrar durante la lluvia para confundir a esas curiosas criaturas. Cuando cultivas arroz, lo más seguro es que las gacelas y los antílopes, u otros mamíferos, compitan para pastar en las plantas jóvenes que crecen. Una vez que el arroz alcanza cierta madurez, son los pájaros los que se reúnen para devorarlo. Los puercoespines arrancan los cacahuetes, los facóqueros —los jabalíes locales— comen los tubérculos de yuca o de boniato, etc. Día y noche se libra una feroz batalla entre el hombre que trabaja y el animal que cosecha lo que no sembró. Esta es la paradoja de los países naturalmente ricos, pero visiblemente pobres. Los espacios son infinitos, pero los medios para dominarlos son insuficientes. Además, en algunos lugares las malas hierbas crecen más rápido que las semillas. Basta retrasarse un poco en el mantenimiento para que se te llene el campo de maleza. ¡Sobrevivir es todo un arte!

Cuando me vi obligado a cruzar a pie corrientes de agua peligrosas para encontrarme con mis feligreses en sus huertos cambié mi modo de concebir la pastoral, y mis juicios sobre la presencia o ausencia de unos u otros en los lugares de culto. Todo lo que hacen los cristianos de este rincón del mundo es un sacrificio y muestra hasta qué punto, en algunos casos, tienen una fe a prueba de bomba.

Un cadáver en nuestra ruta hacia Kpangu

Dos días después de nuestra llegada a Kono nos pusimos en camino hacia Kpangu, un pueblo perdido en medio del bosque. Nunca había llegado un coche hasta allí. Como casi todos los pueblos de la región, había surgido junto a una cantera de diamantes y sus habitantes eran muy pobres. No había centro de salud, ni farmacia, ni escuela, nada que pudiera ser el comienzo de algún tipo de desarrollo.

Cuentan que un cazador de elefantes pasó por allí y en un movimiento brusco pisó un terreno frágil al borde de un arroyo. Al pisar sintió que una piedra le arañaba los dedos del pie. Cuando se inclinó para ver de qué se trataba, encontró un diamante en toda su belleza. Dejó entonces su oficio de cazador y se convirtió en buscador de diamantes. Así fue como nació el pueblo de Kpangu.

Todos me habían advertido de que el mejor modo de llegar a Kpangu era ir a pie. El padre Alain y yo, sin embargo, preferimos utilizar la moto. Apenas nos habíamos alejado unos kilómetros de Kono cuando nos metimos de lleno en un arroyo. El agua había invadido la pista. Alain luchaba en un charco de lodo con la moto mientras yo hacía fotos. La pista que serpentea por el bosque a veces se inunda de tal modo que el agua te llega a las rodillas. En algunos sitios los lugareños tienden una especie de puente tan angosto que solo pueden pasar los peatones.

Al final, el padre Alain y yo conseguimos empujar la moto y llegar al otro lado del arroyo. ¿Para qué servían los diamantes, esas materias primas que brillan bajo los suelos africanos, ya fuera en Kpangu, Nzako o cualquier otra localidad minera?

Cuando parecía que las cosas se ponían más fáciles, ya que avanzábamos por una pista bastante llana, vi algo que en un primer momento no supe identificar. Le pedí a Alain que detuviera la moto. Retrocedimos un poco. ¡Había un joven en medio de un charco de sangre! Nos acercamos y comprobé si tenía pulso, pero estaba muerto. Le habían golpeado con un objeto contundente. No lejos de allí alguien había arrojado su bicicleta entre la maleza. Se podían ver claramente los rastros de sangre. ¿Quién era ese chico? ¿Y quién lo había matado?

Nos entró mucho miedo. No sabíamos dónde estaba el asesino ni si podía volver. Y no podíamos transportar el cadáver en la moto... Saqué mi cámara e hice unas fotos, por si hacían falta después. Decidimos dejar el cadáver allí y partir lo antes posible hacia Kpangu para informar de lo ocurrido.

Cuando llegamos a Kpangu y contamos lo que habíamos visto, todo el pueblo se vistió de luto. El joven asesinado era muy conocido. Había salido por la mañana para ir a buscar comida para la fiesta de Navidad. Era de la etnia *zande*, la más numerosa del este de la República Centroafricana. Todos hablaban de venganza. Esa misma noche supimos que los gendarmes de Nzako habían detenido a un sospechoso y lo habían llevado al calabozo de la gendarmería, pero los padres de la víctima rumiaban otro tipo de venganza. Para ellos la cárcel no era suficiente.

El Santísimo en casa de un hechicero

La comunidad de Kpangu hizo un gran esfuerzo para acogernos. Nunca habían recibido la visita de un sacerdote. Esa misma noche celebramos una misa, la primera misa en aquel entorno tan singular. Por la noche estaba prevista una reunión con los miembros del consejo alrededor del fuego, pero la mitad no aparecieron. Al principio nadie quería decirme por qué. Poco a poco fui sondeando a los presentes y llegué a la conclusión de que el consejo de la comunidad estaba dividido en dos. Como consecuencia de esa división, llevaban varios años sin ponerse de acuerdo para colaborar. Las disensiones eran tan fuertes que ni siquiera la presencia de un sacerdote había servido para reunirlos a todos.

Cuando no se conoce la cultura de un pueblo siempre se cree, basándose en teorías, que el hombre reacciona en todas partes y siempre de la misma manera. Pura ilusión. Cada pueblo tiene su manera de decir lo que piensa y de pensar lo que debe decir. Algunos prefieren no decir nada en público por miedo a las represalias o para no provocar la ira del más fuerte. En ciertas circunstancias la verdad se revela, no según su valor en sí misma, sino según su utilidad o las consecuencias que se derivan de decirla. Eso era lo que ocurría en Kpangu. Y todos prefirieron guardar silencio.

Cuando nos separamos, una señora se me acercó y me lo contó todo. Según ella, el problema venía del responsable de la comunidad. Durante años no se había podido renovar el consejo porque el responsable no quería. Cuando él convocaba una reunión, los demás no acudían; cuando ellos convocaban una reunión, él no se presentaba. Era un callejón sin salida. Peor aún, el responsable arrastraba la acusación de brujería. Este era, de hecho, el corazón del problema.

Se sospechaba que hacía daño a las personas a través de un sistema mágico que solo él conocía. Había sido encarcelado por las autoridades varias veces, pero como líder de una comunidad o por haber pagado algunos sobornos, siempre le habían puesto en libertad antes de llegar a juicio. Todo el mundo le tenía miedo. Nadie se atrevía a contradecirle. La comunidad se había ido deteriorado gradualmente. Y había algo peor: guardaba el Santísimo Sacramento en su casa. Ese temible hechicero iba a la parroquia en bicicleta para buscar las hostias consagradas y las guardaba después en su casa, en condiciones que nadie sabía. Todos estaban convencidos de que hacía brujería con ellas. Las implicaciones eran muchas y todas escandalosas.

La iglesia del pueblo, carente de todo y construida de paja, sin puertas ni ventanas, servía de lugar de culto durante el día y de morada para las cabras durante la noche. Las cabras se recostaban sobre el altar. El domingo, el catequista hacía limpieza antes de extender el paño del altar y celebrar la liturgia dominical. No había sagrario. A la hora de la comunión, el hechicero traía directamente de su casa las hostias consagradas. Los feligreses, temiendo ser embrujados o por temor a una maldición, se negaban rotundamente a comulgar. El hechicero se quedaba frente al altar durante un rato con la comunión en las manos y cuando veía que nadie iba a comulgar, regresaba a casa con las hostias, insultando a todos.

Mientras la señora me contaba esta dolorosa historia, yo temblaba de miedo y de rabia. Ella, temerosa de los poderes infinitos de los hechiceros, miraba a izquierda y a derecha para asegurarse de que nuestra conversación se mantenía en secreto. ¿Cómo se había llegado a eso sin que nadie lo denunciara? ¿Quién había dado permiso para mantener la comunión en una comunidad incapaz de comprender su significado y sin los medios adecuados para conservarla? ¡Pobre Jesús! Me dije que tal vez para Él era una forma de hacerse pobre entre los pobres, pero no quería ni imaginar la posibilidad de que aquel hombre usara el Cuerpo de Cristo para ritos extraños.

Al día siguiente, anuncié mi decisión de retirar la comunión de la comunidad para evitar el sacrilegio. Más adelante enviaría al catequista jefe de la parroquia para ayudarlos a renovar el consejo y elegir un catequista adjunto. Desgraciadamente, sin decir nada la comunidad eligió un nuevo líder, un hombre polígamo. Al parecer, además, el catequista que eligieron se acostaba con la primera esposa del responsable. Así, la comunidad se vio atrapada en un bucle entre el antiguo responsable hechicero, el nuevo líder polígamo y el joven catequista libertino.

La venganza de los *zande*

Después de Kpangu, el padre Alain y yo visitamos Nzako. En esta ocasión no tuvimos demasiadas dificultades en el camino. La comunidad nos recibió con ilusión y entusiasmo, como siempre. Sin embargo, hacia la tarde se escucharon disparos. El alboroto era enorme. Toda la ciudad estaba agitada.

El ruido provenía del puesto de gendarmería. Los padres de la víctima de Kpangu habían salido de su pueblo muy temprano para recorrer a pie los treinta kilómetros que separan las dos localidades. Llegaron a Nzako armados con palos y machetes, con la idea de entrar en la cárcel y matar al sospechoso del homicidio de su hijo. Los de la etnia *zande* están acostumbrados a la venganza popular. No creen en la justicia estatal. En la zona donde son mayoría son muy pacíficos y discretos. Son capaces de aguantar mucho, pero cuando se hartan pueden tomar medidas extremas. En el área donde residen han asaltado las cárceles muchas veces para sacar a los prisioneros sospechosos de brujería y quemarlos vivos. Eso era lo que aquella familia había pensado hacer en Nzako.

Los policías estaban desbordados. Dispararon al aire para intimidar al gentío, pero sin éxito. Los atacantes consiguieron romper la ventana de la cárcel y sacar al preso, al que dieron algunas puñaladas. De no haber sido por la valentía del comandante de la gendarmería, Albert, un hombre de gran coraje, el preso habría sucumbido a pesar de la presencia de las fuerzas del orden. Haciendo gala de una gran sangre fría, el comandante consiguió proteger al prisionero con su propio cuerpo, simulando que ya había muerto. Esa misma noche hizo que lo trasladaran en moto a Bakouma para recibir atención médica.

Alain y yo celebramos la Navidad en ese ambiente de asesinato y venganza, en medio de una población inquieta, en un lugar donde los rumores viajan más rápido que la verdad. Sin embargo, como siempre, la comunidad cristiana participó con alegría del nacimiento de Cristo.

La sanación de Jean Pierre

Antes de regresar a casa, recibí una noticia inquietante de la parroquia: Jean Pierre, el empleado parroquial, se había vuelto loco de repente. Lo destrozaba todo a su paso, haciéndose daño él mismo. Le había dado por amenazar a la gente con un cuchillo. Nadie sabía qué hacer. Cuando le llevaron al hospital, el responsable lo rechazó diciendo que no había estructuras para tales casos. Entonces decidieron unánimemente atarlo a un árbol.

Conocía a Jean Pierre desde hacía tiempo. Me costaba mucho imaginarlo en esa situación. Tampoco sabía qué hacer cuando llegara a Bakouma. Solo había un centro para enfermos mentales en todo el país, y estaba en Bangui. En cuanto llegué a Bakouma fui a verle. Encontré una muchedumbre exaltada, pero conseguí abrirme paso entre ellos. Cuando vi a Jean Pierre atado a un árbol me entró una enorme tristeza. Entonces se me ocurrió una idea: imponerle las manos. Así lo hice, rezando al mismo tiempo e implorando la asistencia del Espíritu Santo. Nada más tocarle, Jean Pierre recuperó su aspecto normal y dejó de agitarse. Sentí que algo acababa de pasar.

—Jean Pierre, ¿qué te pasa? —le pregunté.

—No lo sé.

—¿Si te suelto, volverás a ponerte como antes?

—No.

Pedí que le soltaran. Al principio no querían, pero ante mi insistencia acabaron cediendo. Nunca más volvió a tener un ataque igual. La locura, o lo que fuera, desapareció.

A partir de ese momento, entendí que podía imponer las manos y aliviar a algunos enfermos. No sabía cuándo iba a funcionar y cuándo no, solamente lo hacía y dejaba que Dios actuara cuando y como quisiera. Más tarde descubriría que imponiendo las manos a los bebés que lloran mucho por la noche, dejaban de llorar. Eso me confirmaba en la Palabra de Jesús a los que creen en Él: «Impondrán las manos a los enfermos, y quedarán sanos» (Mc 16, 18). El mismo fenómeno de sanación se revelaría al administrar el sacramento de la unción a los enfermos. Más adelante contaré algún episodio muy llamativo a ese respecto.

CAPÍTULO 3

MI CONTACTO CON EL MUNDO OCULTO

El sótano de las creencias

En la República Centroafricana la brujería es parte de la vida cotidiana. Es una realidad presente en las relaciones comunitarias, en el imaginario colectivo, en las conversaciones, en las disposiciones jurídicas y en toda la vida social en general. Es fundamental tener en cuenta esa realidad si quieres trabajar en ese entorno. Ignorar su importancia cultural sería motivo de ingenuidad y probablemente llevaría al fracaso cualquier proyecto de evangelización.

Hay que distinguir entre la brujería y los malos espíritus. La brujería, tal y como la gente me explicó, es una práctica que consiste en dañar a otra persona sin necesidad de tocarla físicamente o de hacerle ingerir un veneno. Es el arte de maltratar al enemigo con un mando remoto y de manera oculta. En la República Centroafricana se trata de una creencia muy extendida, y que se entiende de forma diferente según las tribus y las zonas geográficas. Se considera una práctica negativa cuyo único fin es hacer daño a otro.

Las tribus que viven a orillas de los ríos hablan de *talingbi*, un poder que consiste en atrapar a la víctima bajo el agua y comer sus órganos vitales. Estos «especialistas» hunden canoas que cruzan el río o atrapan a los pescadores que deambulan por la orilla. Cualquiera que se aventure en el agua está siempre expuesto a ese peligro invisible. Todos los vecinos hablan de ello como una verdad indiscutible. Incluso he conocido a algunos que afirman haber sido testigos directos o víctimas de ese tipo de sucesos. En algunos lugares se habla de los hombres-cocodrilos, individuos que tienen el poder de transformarse en cocodrilos para hundir las canoas y comerse a los pasajeros.

Los que viven en medio del bosque, más acostumbrados a la caza y las trampas para animales, hablan mucho más de *pondoli*. Consiste en hacer una trampa en el bosque con encantamientos mágicos para que la persona mencionada en los hechizos se transforme en el animal que se quiere atrapar en la trampa. Es decir, el animal que cae en la trampa no es un animal ordinario del bosque, sino la persona víctima del hechizo y transformada en bestia salvaje. Una vez que el animal muere en la trampa, la persona correspondiente también muere en el pueblo. Quienes realizan esta práctica persiguen un fin comercial: quieren conseguir fácilmente carne para vender. Así, uno puede encontrar en la misma trampa dos bestias que normalmente nunca se codean y tantas otras rarezas dignas de una imaginación extrema. Entonces se sospecha que los vendedores ofrecen carne humana para comer. Me explico con un ejemplo:

Imaginemos dos personas, Jean, el brujo, y Pierre, un habitante de un pueblo. Jean entra en el bosque y tiende una trampa para un jabalí. Mientras la prepara, invoca en sus encantamientos el nombre de Pierre. Al cabo de poco tiempo, Pierre se transforma de forma misteriosa en jabalí y cae en la trampa. Cuando esto ocurre, Pierre enferma en su pueblo. Una vez que Jean, el brujo, remata el jabalí atrapado, Pierre muere. La gente cree que el jabalí es el mismo Pierre. Si Jean vende la carne del animal en el mercado, la gente dirá que en realidad está vendiendo la carne de Pierre. Por mucho que resulte difícil de entender, la gente cree firmemente que es así.

Otros hablan de *urukuzu*. Se trata de realizar una metamorfosis para que una persona se convierta en un animal. Me contaron varios casos de personas que empezaron a aullar como animales hasta morir. También me informaron de otros casos en los que el hechicero había sido atrapado a tiempo y en los que, bajo latigazos y amenazas de muerte, había salvado al paciente de una muerte segura con algunas pociones mágicas.

También existe otro sistema, tan incomprensible como los anteriores, al menos para los que estamos acostumbrados a lo fáctico. Consiste en arrojar cualquier objeto a una cabra u otro animal doméstico. El objeto entra en su vientre y lo mata. Cuando el animal doméstico muere, un animal del mismo tamaño sucumbe a la trampa colocada en el fondo del bosque.

Todas estas prácticas están muy extendidas en la República Centroafricana. La gente cree en ellas. ¿De dónde viene esa fuerza que desafía a la naturaleza? ¿Cómo es capaz el hombre de introducirse en el ser del otro hasta el punto de manipular su mente sin tocarlo ni verlo? ¿Con qué procesos cruzamos la frontera de lo físico? Nadie da respuestas teóricas y analíticas. Estamos en el dominio de la creencia, donde la racionalidad ocupa un lugar secundario.

Por otro lado, la verdadera brujería es una práctica heredada que implica la posesión de un poder oculto capaz de matar a las personas y «comerlas» de forma mágica y misteriosa. Se dice que los brujos se reconocen entre sí. Se cree que se reúnen por la noche bajo un gran árbol y celebran un banquete fúnebre donde se comen «místicamente» a su víctima. Son una hermandad de caníbales espirituales. Antes de terminar el banquete, designan al próximo candidato a morir. Esta forma de brujería es la más popular y la más severamente castigada.

El proceso es tan inusual como incomprensible para una mente cartesiana. Una vez que los brujos se «comen» en el bosque el corazón de la persona, la víctima entra en coma, sin fiebre ni otros signos físicos de enfermedad. Se desvanece gradualmente y muere señalando la zona del corazón o los pulmones. Si el paciente tarda en morir, se puede llegar a tiempo para salvarlo. Se le vierte en los ojos un líquido bien conocido por los anti-brujos para que pueda señalar quién lo ha lastimado. En ese caso, generalmente se persigue a la persona sospechosa de brujería. Al individuo designado lo llevan atado de pies y manos al lado del paciente y lo obligan a encontrar un remedio bajo pena de muerte. En este tipo de situación, todos pueden maltratar al brujo indefenso. Nadie se molesta en comprobar si el presunto hechicero es culpable o inocente. La vida del brujo deja de tener valor. Es la ley de las masas, con una ausencia total de diferenciación. Si el brujo muere, todos son inocentes y todos son culpables. Si, por desgracia, el paciente muere sin que el hechicero haya podido salvarlo, este es linchado o quemado vivo como castigo por un crimen que se supone que ha cometido. Digamos claramente que, en todos los casos, el presunto brujo es condenado antes de ser juzgado.

En algunas regiones no se duda en reunir a todos los supuestos brujos de la zona en la plaza pública para quemarlos vivos. Nadie está autorizado a salvar a un brujo, so pena de ser tomado como cómplice. Es el mal de la sociedad, un mal que hay que erradicar para siempre. A menudo, para no morir solos, acorralados por la desesperación, los hechiceros atados citan al azar los nombres de sus supuestos cómplices, a los que se captura inmediatamente para que corran la misma suerte. Pero por supuesto, a pesar de la caza de brujas,

Celebrando en un pueblo

Celebración con una comunidad

Estado de la carretera de Wanda (1)

Estado de la carretera de Wanda (2)

El puente que construimos sobre el río Guinigo

Mi camioneta multiusos

Con una familia de feligreses

Organizando la escuela católica

Confesando

Con un grupo de feligreses

Una de las aldeas de la parroquia

Visitando comunidades

Aeropuerto de Bangassou

Despejando carreteras para llegar a las comunidades más lejanas

Gaétan con el obispo de Bangassou, Monseñor Aguirre

Tras la caza de la boa

la gente sigue muriendo en los pueblos y siguen surgiendo nuevos brujos. Al final, es un círculo vicioso en el que el mal nunca acaba.

En algunas ocasiones, alertado por el clamor popular o por gente de buena voluntad, yo corría al hospital para salvar a feligreses sospechosos de brujería. Siempre los encontraba ensangrentados junto al paciente hospitalizado. Los miembros de la familia del paciente, a menudo también católicos, estaban convencidos de que la enfermedad de su ser querido era fruto de la brujería, y solo podía desaparecer si el hechicero era amenazado de muerte. Más de una vez arranqué por los pelos a los presuntos hechiceros de las manos de los verdugos, para después curar sus heridas y esconderlos en la iglesia, por lo que terminé ganándome el apodo de «sacerdote protector de hechiceros». Eso era grave, porque un brujo es un criminal a los ojos de la población. Su único destino debe ser la muerte. Matar a un hechicero es limpiar una lacra de la sociedad. Es amputar un absceso que gangrena la vida colectiva. A nadie le importan los derechos del brujo, si es que los tiene.

Algunos se preguntaban si deberían seguir confiando en un sacerdote que protegía a los delincuentes, y peor aún, mantenía vivo un búho enfrente de su casa. Además de eso, había decidido construir algunas cabañas en el recinto de la iglesia, donde daba cobijo a algunas supuestas brujas expulsadas de sus hogares. A partir de entonces, había algunos que daban un rodeo para no cruzarse con aquellas pobres mujeres, a las que consideraban la encarnación del mismísimo demonio dentro del recinto de la iglesia. Cuando construí una escuela detrás de esas casas, algunos padres se negaron a dejar pasar a sus hijos.

Ciertas tribus creen en el poder de dirigir rayos a voluntad y de herir al enemigo designado en el lugar indicado. Se dice que un rayo puede golpear a una sola persona en medio del mercado durante la estación seca. El dueño del rayo vive de ese patrimonio. Los que quieren eliminar a sus enemigos establecen un acuerdo con él a cambio de una contraprestación. Para beneficiarse de ese servicio hay que pagar mucho dinero. Obviamente, son historias inverosímiles, pero la gente habla de ellas con verdadero convencimiento.

Los malos espíritus, en cambio, son otra cosa. Se dividen en dos: la primera categoría es la de los *mamiwata* (sirenas). Son genios del agua que agarran a las personas y las atormentan, arrastrándolas hacia el río. Nadie me ha podido explicar si actúan solos, por cuenta propia, o si actúan al servicio de algún «dueño».

La segunda categoría es la de los *toro*. Son los espíritus de grandes personajes muertos o de hombres poderosos que los antepasados «domesticaron» para proteger pueblos o familias. Se transmiten de padres a hijos y requieren sacrificios regulares para evitar que dañen a la familia de quien los guarda. Algunos están convencidos de que los *toros* pueden ser desviados de su misión y utilizarse para atacar a inocentes. Históricamente, estos espíritus se guardaban colectivamente para proteger la aldea de cualquier invasión extranjera o de plagas mortales, del hambre o de la peste. Su función era alejar el peligro. Los jefes de aldea eran los encargados de recolectar las ofrendas, que entregaban al sacerdote-hechicero para apaciguar a los espíritus. Si por desgracia el hechicero descuidaba su tarea, las muertes se multiplicaban en el pueblo y el pánico se apoderaba de todos.

Las siguientes historias hablan de mi experiencia personal en relación con este mundo oculto que encontraba casi a diario en aquel ambiente donde todo, absolutamente todo, parecía tener conexiones directas con el mundo invisible. En un momento dado incluso estuve tentado de decir que vivía en el bosque de los brujos, pero me di cuenta de que la gente vivía verdaderamente con miedo ligado a la creencia en poderes que no controlaban y de los que no sabían cómo librarse. Resulta difícil para los cristianos de esas comunidades vivir la serenidad del Evangelio, porque viven atenazados por el temor de que cualquier vecino pueda, con un simple gesto mágico, volcarlo todo hacia el mundo de las tinieblas.

El espíritu de los muertos que vuelven a casa

Otra de las creencias populares es que se pueden traer los espíritus de los muertos de vuelta a casa. Si un miembro de la familia muere lejos del pueblo, lo entierran allí. Posteriormente, los miembros de su familia deben asegurar su regreso mediante un proceso minuciosamente elaborado. Eso requiere una ceremonia especial, presidida por expertos en la materia, que van al lugar donde está enterrado el cadáver y hacen los encantamientos apropiados para despertar al espíritu durmiente, invitándolo a seguirlos para regresar a la casa preparada para él. El invocador de espíritus debe tener cuidado de no mirar hacia atrás durante todo el viaje de vuelta. Al llegar a casa, señala la choza preparada para el espíritu en un lugar cercano a la casa de los suyos. Para saber si el espíritu ha llegado a casa, se observa si hay movimientos raros de muebles u otros objetos dentro de la casa: armarios que se abren, ventanas que se cierran, escobas que se enderezan, etc.

En cuanto al regreso de los muertos a su hogar, yo mismo pude seguir de cerca una curiosa historia. Se trataba de buscar oficialmente el espíritu de Bakouma, el gran fundador de la ciudad, enterrado vivo en las inmediaciones de Lengo, a diez kilómetros de distancia de la parroquia. Los promotores del proyecto estaban convencidos de que era necesario devolver el espíritu de aquel hombre a la ciudad que lleva su nombre para el bienestar de todos los habitantes.

Los notables del pueblo, paganos, protestantes y católicos, acordaron reunirse para la tarea bajo la supervisión de la alcaldesa. Cuando llegó el día, caminaron todos juntos hasta el lugar donde había muerto Bakouma. Llegados al sitio, comenzaron a comer y beber en su honor, y ofrecieron el resto de la comida y la bebida a los espíritus de los alrededores. Posteriormente, comenzaron a llamar a Bakouma a gritos. Como no hubo respuesta, todos estaban decepcionados. Un pastor protestante, considerado como un gran sabio de la tribu *nzakara*, gritó entonces él solo el nombre de Bakouma, y este, según las declaraciones de los presentes, habría respondido como un eco. ¡Todos habían escuchado una sucesión de sonidos, algo así como un «huuuuu»! Los expedicionarios decidieron que era la respuesta positiva del difunto líder. Entonces, el pastor invitó al espíritu a seguirlos para regresar a la ciudad. Caminaron en medio de la noche sin mirar atrás. La alcaldesa, que había hecho el ayuno cristiano de tres días, tal y como acostumbraba antes de una actividad importante, formaba parte de la comitiva. Llegados a la entrada de la ciudad de Bakouma, se dieron cuenta de que se habían olvidado de preparar un lugar para albergar el espíritu del fundador. Así que este, furioso, se habría dado la vuelta, no sin amenazar con vengarse. A su regreso, según contaron los presentes, derribó algunos árboles por el camino mediante una violenta ráfaga de viento. Días después murió un venerable miembro de la tribu *nzakara* que había formado parte de la expedición. Evidentemente, la muerte se atribuyó a la venganza del espíritu furioso. Cuando un testigo de los hechos me contó el desarrollo de los acontecimientos, no di crédito a mis oídos. Curiosamente, este informador estaba convencido de que todo aquello no era contrario al Evangelio.

Ninguna muerte es natural

En la mentalidad del pueblo centroafricano hay una tendencia a considerar la existencia de fuerzas oscuras, de modo que la vida es una especie de lucha contra un enemigo invisible con el que hay que tener cuidado y contra el que hay que estar constantemente armado. Nada ocurre por casualidad. Toda desventura, toda enfermedad, todo accidente es obra de los malos espíritus o de la malevolencia de los hombres. Todos los niños van cargados de amuletos contra todo tipo de contingencias: amuletos contra lo que llaman la enfermedad del mono, los espíritus nocturnos, los ataques de brujos, los lanzadores del mal de ojo, etc. Y sin embargo todos acaban muriendo al final. En mis charlas con los jóvenes, a menudo les hacía reflexionar a base de hechos reales: tú que usas anti-cualquier cosa, ¿vives más que otras personas que no lo usan? ¿La esperanza de vida de la gente de aquí es mayor que en otros sitios? Dices que tu ciudad no evoluciona porque está maldita, ¿crees que otras ciudades del país evolucionan mejor? La respuesta que me daban, por supuesto, era que si no se hacía nada, la situación sería mucho peor... Ante un muro así, para no entablar un diálogo de sordos, muchas veces uno prefiere observar y callar. A los que creen en ese tipo de cosas no les resulta fácil dejar de creer en ellas, incluso con evidencias.

Allí la muerte nunca es considerada como un fenómeno natural. Incluso las causas más obvias se interpretan a través del prisma de las creencias populares. Cualquiera que se atreva a dar otro tipo de explicación es considerado ajeno a su modo de entender la vida. En tal ambiente, el miedo al prójimo es un fenómeno permanente. Todos están alerta, armados de protecciones de todo tipo. Si un cazador muere abatido por un animal salvaje, se dirá que su esposa cometió adulterio en su ausencia, o que el animal fue teledirigido por un enemigo, o que fue víctima de una maldición de un familiar, o que descuidó algún ritual necesario. Si alguien muere en una familia, recordarán una amenaza hecha por el vecino años atrás, durante una trifulca o un intercambio de insultos, o un cruce de miradas raras.

En la República Centroafricana, casi todos los juicios están relacionados con la brujería. Las cárceles están repletas de personas acusadas de hacer el mal utilizando estas prácticas. Casi todo el mundo, ya sean intelectuales o analfabetos, cree en la existencia de la brujería. Incluso las autoridades creen en ella, lo que se refuerza por el hecho de que el Código Penal la tipifica y castiga.

Un día, queriendo asegurarme de la buena fe de los encargados de la ley, le pregunté al comandante de la gendarmería de Bakouma si creía de verdad en la brujería.

—Padre, aquí hay que distinguir dos cosas: la primera es que muchas veces mando a la gente a prisión para protegerlos de la venganza colectiva, y la segunda es la que se refiere a casos reales de brujería.

—¿Cómo te las arreglas para estar seguro de si son brujos o no?

—Usted no puede entender nuestro mundo. Los hay que confiesan los hechos voluntariamente y sin ningún tipo de coacción. Incluso citan a cómplices, que confiesan a su vez. Nombran a víctimas que no conocías y que, tras la necesaria verificación, compruebas que son reales. En la mayoría de los casos confiesan varios delitos, los nombres de las víctimas y la lista de colaboradores en cada delito. Si alguien te admite que ha matado, ¿cómo vas a insistir en demostrarle lo contrario?

El comandante, que había presenciado casos extraños en su carrera, me hablaba con toda la convicción del mundo, haciendo gala de su larga experiencia en el tema.

Cuando el funeral es una fiesta

La muerte es acogida y celebrada casi de la misma manera por todas las culturas centroafricanas. Como he mencionado antes, todo, incluida la muerte, está relacionado con lo sobrenatural. La muerte de un hombre, aunque sea muy anciano, es el resultado de un hechizo, una maldición o un castigo de espíritus invisibles. Se busca un chivo expiatorio con cada desaparición de un ser querido. Lo visible es dirigido por lo invisible; los dos mundos están innegablemente conectados.

El duelo es uno de esos momentos en que las familias se unen, los vecinos se hacen ver, los excluidos reaparecen en lugares públicos, y todo el mundo encuentra un hueco para expresarse. Se grita, se baila, se canta, se llora, se predica, se come, se bebe. Toda clase de muestras de expansión están permitidas para descargar la violencia interna, la ira almacenada o la desesperación oculta.

La muerte es un acontecimiento social de gran repercusión, y al mismo tiempo, un momento de extrema sospecha. Uno puede ir al velatorio con la intención de compartir el dolor de los familiares y acabar encontrando la muerte de forma inesperada. Cada vez que hay una muerte en un pueblo, no es extraño que se produzca el linchamiento de un supuesto hechicero. Los sentimientos que se desencadenan tras la muerte de un familiar, sin pasar por el tamiz de la razón, originan una búsqueda agresiva de la causa del mal. En la República Centroafricana, este origen tiene un nombre y un rostro concreto: el del hechicero o brujo local, o el de alguien que es un poco ciego, o tartamudea, o cojea. Y si no encuentran a una persona con esos rasgos físicos, designan a cualquier anciano aislado y solitario, una viuda desamparada, un extranjero con cabello extraño, un albino o cualquier persona con una discapacidad social, mental o física.

La primera vez que fui a un funeral en la República Centroafricana tuve la impresión de estar en una fiesta de gran importancia. Los tam-tams sonaban al ritmo de los bailes, la familia había contratado a los mejores bailarines, y había bebida y comida en abundancia. Todo el mundo estaba alborotado. El ambiente era tan festivo que daba la sensación de una boda o algo así. Cuando llegaba un familiar cercano, ya desde lejos se ponía a dar gritos para manifestar su dolor. Algunos se desmayan o se tiran al suelo estrepitosamente, o se golpean la cabeza contra la pared, sin tener en cuenta las posibles consecuencias.

Todo eso contrasta enormemente con la cultura de mi país, Ruanda, donde la muerte se vive en medio de una fría tristeza. En Ruanda, cuando alguien muere, todos los vecinos están obligados por las convenciones sociales a ayudar a la familia en duelo. Ayudan a cavar la tumba y a enterrar al muerto, y una vez enterrado, todos se van a casa. Ese día los familiares cercanos ayunan. Se puede beber, pero no comer. No hay aplausos, no se toca el tam-tam, no se baila, apenas hay sonrisas y la gente casi no habla. Todo es triste y sombrío. Los vecinos no se quedan con la familia después del entierro. Eso se hace cuando el muerto todavía está en la casa.

En la República Centroafricana es todo lo contrario. Cuando alguien muere, todos se movilizan. Se construye un cobertizo, a menudo sobre estacas de bambú, y se cubre con hojas, también de bambú. Se acude a las diversas iglesias en busca de bancos. Todos se colocan en su sitio y comienza el funeral. Si el difunto era miembro de una iglesia local, los diferentes coros de esa iglesia se hacen cargo de las veladas sucesivas. Los instrumentos musicales utilizados en la liturgia salen de las iglesias por el barrio. Se llevan micrófonos y altavoces. Durante cuatro o cinco días nadie duerme. El baile toma el control y el tam-tam suena toda la noche. Los vecinos no afectados por el duelo se ven obligados a soportar el alboroto nocturno, y a menudo acuden a participar en él. Esto se hace tanto alrededor del cadáver como unos días después del entierro.

En las grandes ciudades como Bangui se alquilan orquestas por grandes sumas de dinero para animar las tardes o incluso días enteros. Los miembros más cercanos de la familia llevan uniformes hechos antes de la procesión final al cementerio. Los más ricos construyen un pequeño panteón por el que pagan una fortuna. En algunas familias el duelo puede superar el millón de francos CFA, cincuenta veces más del salario mínimo del país.

Y eso no es todo. En Bangui, la muerte impulsa exponencialmente el comercio de ataúdes y flores. Puedes encontrar desde simples ataúdes de madera hasta ataúdes de cristal, donde el cuerpo es visible durante el tiempo que está expuesto al público. Todo eso sigue una evolución vertiginosa, trayendo cada año más innovaciones. Con frecuencia, la muerte de un ser querido empobrece a las familias y muchas acaban arruinadas. La familia en duelo hace todo lo posible para encontrar recursos y alimentar a todos durante varios días. El muerto se va con lo que podía dejar a los vivos...

Después del velatorio viene la desolación. No todos los muebles aguantan la carga de tanta gente durante tantos días y muchas sillas acaban rotas. Se agotan los víveres. A eso se suman las deudas contraídas para satisfacer las necesidades alimentarias de quienes se supone que deberían ayudar a la familia y que, muchas veces, no han hecho nada para mantener con vida a la persona que acaba de fallecer.

En este caos general en el que todo el mundo tiene derecho a un plato y una taza de café a intervalos regulares, los pobres y los sintecho se benefician enormemente. Esta es probablemente la mejor parte del asunto. En algunos lugares, sobre todo en las grandes ciudades, los vagos van de barrio en barrio buscando un lugar donde se celebre un funeral. Se vuelven expertos en la animación de las veladas para comer sin pagar durante días enteros. Es una de las pocas actividades económicas del país que funciona de maravilla.

Aparte de este folclore relativamente nuevo, existen, según las regiones y etnias, prácticas de otra época que, vistas con ojos modernos, deberían haber desaparecido hace mucho tiempo. Es el caso de los diversos rituales en torno al cadáver, las prácticas para descubrir al asesino o vengar al muerto, las observancias extremadamente rigurosas tras la muerte y el levantamiento del luto, y los castigos impuestos a ciertos cónyuges por su familia política. Por ejemplo, durante el duelo por la esposa, hay sitios en los que al marido viudo no se le permite hablar ni comer. Si quiere comer un poco, tiene que pagar mucho a los miembros de la familia de su esposa. En otros lugares, durante un periodo que va desde algunas semanas hasta meses, debe esconderse en una choza y no saludar a nadie porque se le considera impuro. Es al final de un tiempo fijado cuando lo sacan para lavarlo y devolverlo a la vida social. Este tipo de prácticas ya no encuentran explicación en el presente, pero la gente las reproduce mecánicamente.

Supe más tarde que incluso en mi localidad se observaban prácticas peligrosas en algunas familias. En algunas tribus, si alguien muere sospechosamente, es absolutamente necesario encontrar al culpable. ¿De qué manera? Los familiares inmediatos lavan el cuerpo del cadáver antes del entierro y almacenan el agua. Una vez que todos están en el recinto para la vigilia, dan a beber esta agua a cada uno, convencidos de que en el caso de que el asesino se atreviera a beber, moriría inmediatamente. Por supuesto, si alguien se niega a probar el agua, se le designa automáticamente como el asesino. Es un círculo cerrado donde aceptar es exponerse a las enfermedades, mientras que negarse es acusarse públicamente como autor de la muerte. En general, todos los presentes beben sin decir nada.

Inauguración de una escuela sin ofrecer gallinas a los espíritus

En diferentes ocasiones me he opuesto a católicos que me proponían prácticas que, en mi opinión, eran absolutamente paganas. Ellos, sin embargo, estaban convencidos de que no contradecían la fe. He aquí dos ejemplos.

Después de muchas dificultades, en Bakouma logramos completar la construcción de una hermosa escuela católica. Todos habían querido colaborar. Solo Dios sabe cuánto sudamos para construir el edificio en un lugar donde no disponíamos de medios modernos. El día de la inauguración, algunos cristianos eminentes vinieron a recordarme que, según la ley centroafricana, la bandera debe colocarse frente a los edificios que son de utilidad pública, como es el caso de las escuelas. No vi ningún inconveniente, de modo que encontré una larga barra de hierro que podía servir como mástil. Todo estaba listo. Luego pedí a algunos jóvenes que lo instalaran frente a la escuela. Me respondieron que no se hacía así.

—Nunca se coloca el mástil de la bandera en el suelo sin haber derramado antes la sangre de un sacrificio. ¡Eso traería mala suerte!

Siendo el significado del sacrificio satisfacer a los espíritus que velan por el país, les pregunté qué tipo de sacrificio solían hacer. Me respondieron que tenía que matar a unas cuantas gallinas y enterrarlas en el agujero del mástil. ¿Cómo era posible que fieles católicos le propusieran al sacerdote católico romano matar pollos para hacer sacrificios paganos frente a una escuela católica?

Al no poder convencerlos de colocar el mástil sin derramar sangre, me vi obligado a ir yo mismo a cavar el hoyo, ayudado por algunos jóvenes valientes. Recé un padrenuestro, instalamos el mástil e izamos la bandera. Hoy los niños estudian tranquilamente en esta escuela sin tener miedo a los espíritus de los antepasados. Por supuesto, si un día un viento violento levanta el techo o algún otro fenómeno natural causa algún daño, no faltarán quienes señalen la bandera mal puesta como la causante del desastre, y acusen al sacerdote de no escuchar los consejos de los mayores.

El segundo caso se refiere al puente Guinigo, a 60 km. de la parroquia. Habíamos decidido hacer un gran puente sobre el río Guinigo, un puente con arcos y bóveda de cañón. No teníamos equipo moderno: ni camión, ni grúa, ni nada. Solo teníamos piedras del bosque y la cabeza para transportarlas. La tarea fue, sin exagerar, hercúlea. Antes de comenzar el trabajo me encargué de traer a la alcaldesa de Bakouma. La mujer convocó a la población, que iba a participar masivamente en la obra del puente como mano de obra gratuita. Habló para animarlos a colaborar. Antes de terminar, les dijo textualmente: «No os olvidéis de hacer las prácticas de nuestros antepasados para que las cosas terminen bien». Yo no daba crédito. ¡Esa señora era una católica practicante! Pero mientras afirmaba su fe en Jesucristo, también creía en la intervención de los espíritus de los antepasados.

Habiendo escuchado a la alcaldesa, prohibí formalmente hacer prácticas que fueran en contra de nuestra fe. Creo que la gente obedeció mis instrucciones, no por convicción, sino por respeto hacia mí. Empezamos el trabajo. Había que ver el entusiasmo de la gente, la movilización, el trabajo increíble para hacer un puente de casi cien metros de largo. Después de tres meses, ya estábamos casi a punto de completar la primera bóveda, de nueve metros de largo por seis de alto. Era bonito ver tanto la obra como el trabajo sincronizado de la gente. Todos se disponían a entonar el *Te Deum* para dar gracias a Dios por ese magnífico logro cuando el Viernes Santo, antes de iniciar la celebración de la Pasión en la parroquia, me llegó un mensajero desde el puente.

—¡El puente se ha derrumbado! En el momento de cerrar la bóveda, se ha caído todo. Afortunadamente, no ha habido muertos. Todos han saltado antes del desastre. Celebré la Pasión con dolor en el corazón. Para mí fue una señal del cielo, una bofetada al orgullo, pero para la gente era otra cosa: la venganza de los espíritus del agua.

Al día siguiente fui a ver lo que había pasado. Todos los pueblos afectados estaban horrorizados. El técnico cuestionaba la fragilidad de las tablas, pero los vecinos tenían su propio diagnóstico:

—Padre, no quisiste escucharnos. ¡Ha sido el genio del agua el que ha derrumbado el puente! —me dijeron los representantes.

—¿Qué es un genio del agua? —aquí es cuando me hablaron de estos seres yo diría que casi mitológicos.

—Es un ser mitad mujer, mitad animal, que gobierna los ríos. Su parte inferior es como la de un gran pez y su parte superior es como una mujer blanca de cabello largo. Se le llama *nyama ti ngu* («animal del agua»). No se le puede mirar a la cara sin morir inmediatamente. Los que lo han visto alguna vez, ha sido solo por detrás. A veces se sienta en la corriente de agua por la mañana y luego desaparece.

—¿Y qué tiene que ver este genio del agua con nuestro puente?

—Nuestros antepasados decían que no se construye un puente sin hacerle algunas ofrendas. Se necesita su permiso para emprender cualquier actividad a gran escala en el río. Eso es lo que nos pidió la alcaldesa en su discurso. Tú nos dijiste que los espíritus no existen y, mira, este es el resultado. Ahí tienes la prueba.

Efectivamente, tenía la prueba. Todos creían en ese discurso. Nadie se atrevía a poner un poco de razón en el asunto. No pensaban en la posibilidad de fallos técnicos. Yo era el único culpable por mi incredulidad, el único que no tenía fe... ¡Un sacerdote sin fe!

A pesar de la presión, me mantuve en mis trece y les dije:

—Mis queridos amigos, lo que hemos tenido aquí no ha sido más que un accidente. Sucede en todo el mundo. No creáis que todos los puentes que existen en todos los ríos del mundo han sido construidos con la bendición de este genio del agua. Construiremos este puente, ya lo veréis. Oraré y el Espíritu de Dios nos ayudará a terminarlo. Este *nyama ti ngu* no es más poderoso que el Espíritu Santo. Os aseguro que lo terminaremos. Os doy mi palabra.

Después de dar este discurso, me acerqué hasta la orilla del río y recé un padrenuestro. Toqué el agua y le pedí al Señor que nos ayudara a reconstruir el puente y terminarlo. Con eso yo pensaba que habrían quedado convencidos. ¡Qué ingenuidad la mía!

Al día siguiente volví al puente para recomenzar el trabajo. Me fui un poco más lejos, ¿y qué vi? Un gallo completamente blanco, blanquísimo, sin manchas, atado a un árbol junto al río. Era el animal del sacrificio. Por lo visto, los aldeanos se habían unido, tanto cristianos como paganos, para comprar un gallo blanco a precio de oro. Lo habían atado muy cerca del agua, suplicando, con imprecaciones que solo ellos conocían, pidiéndole al genio del agua que nos dejara en paz. Aunque yo no había participado en la sesión, podía imaginarme la escena.

El gallo blanco significa pureza: no se ofrece a los espíritus algo impuro. Además, es un animal raro y muy caro. Todo lo que es raro y caro está reservado a los dignatarios. Incluso en la vida ordinaria se ofrecen productos raros al jefe o a los nobles. Esa es la razón por la que las mujeres no comen tortugas ni serpientes boas. Están reservadas a los jefes y, por extensión, a los hombres. Varias veces he recibido ese tipo de ofrendas como líder religioso. Cuando alguien te ofrece una tortuga, es una muestra de estima y respeto. El gallo blanco es un ave casi imposible de encontrar. En un sacrificio de ese tipo, se le ata a una zarza hasta que muere de hambre o es víctima de un depredador. Su desaparición significa que el espíritu ha disfrutado del regalo. Después de eso, el resultado está garantizado.

Tras el sacrificio, la gente estaba bastante segura de que el puente vería la luz del día. Todos volvieron a trabajar con ilusión y entusiasmo. La movilización fue total; la valentía también. Terminamos la primera bóveda sin incidentes, y también la segunda y la tercera. El puente permitió el paso de un automóvil por primera vez en más de treinta años. Los niños del otro lado, que nunca habían visto un coche, se quedaron atónitos al verme llegar al pueblo. Creían que los dioses habían caído sobre la tierra.

Cuando dimos por terminada la obra, apareció un señor en mi oficina. Era un feligrés al que yo conocía. Lo había contratado como mano de obra en los trabajos del puente. Llevaba la ropa destrozada y desprendía un olor de infarto. Me saludó y me dijo:

—He venido para decirte que fui yo quien hizo el sacrificio en nombre de todos los aldeanos. Ha funcionado gracias a la benevolencia del genio del agua. Conozco el sistema ancestral desde hace mucho tiempo. Soy el heredero de esas prácticas tradicionales, pero estoy aquí también por otra razón.

—Te escucho.

—Como ves, llevo varios meses sin lavarme y sin cambiarme de ropa.

—¿Por qué?

—Está relacionado con los sacrificios. Según las normas, el que hace el sacrificio no debe lavarse, ni tampoco lavar la ropa ni cambiarse hasta dar por finalizado el trabajo. Una vez terminada la obra, tira todo y debe usar ropa nueva. Para eso he venido, para que me la compres.

—¿Yo?

—Claro, tú eres el jefe de las obras del puente.

—No, no y no. Yo soy el sacerdote católico romano. Yo me ocupo de los sacrificios cristianos. El encargado de los asuntos consuetudinarios es el Ayuntamiento. Tienes que ir a ver a la señora alcaldesa.

Lo envié al Ayuntamiento para deshacerme de él. Supe poco después que el Ayuntamiento había gastado un dineral para satisfacer sus necesidades. Conviene aclarar que este tipo de personajes son temidos en los pueblos. Yo no dudo ni por un momento de que algunos los creen capaces de utilizar los espíritus de las aguas para hacer daño a los espíritus de los hombres. La frontera entre el mundo visible y el invisible es muy sutil, igual que aquella entre las creencias tradicionales y la fe cristiana. Se pasa de una a otra sin transición. Este cristiano que oficiaba de sacrificador tradicional probablemente no era consciente de la incompatibilidad.

«Eres un hombre blanco con piel negra»

Aquí hay otra historia, tan pintoresca como sorprendente, sobre los *pondoli*. Este hecho lo presencié con mis propios ojos.

Estaba en mi oficina en Bakouma un día, cuando Richard, el pastor de mis ovejas y cabras, apareció a toda prisa.

—La cabra grande está muerta.

—¿La más grande? ¿La única grande que tenemos?

—Sí, el macho cabrío que dejamos en el rebaño para que sirviera de progenitor. Anoche estaba bien. Yo mismo lo traje al redil. No mostraba signos de encontrarse mal. Corría como de costumbre. Esta mañana lo hemos encontrado muerto sin ningún signo físico de violencia o de mordedura de serpiente.

—¿Nos lo podemos comer?

—Sí, claro. Cuando un animal muere sin enfermedad, se come sin peligro.

—Entonces ve a despiezarlo y tal vez sepamos de qué se trata al abrirlo.

Todo se hizo frente a la cocina de la misión, a la vista de todos los trabajadores que se encontraban allí. Richard volvió apresuradamente mi oficina.

—Padre, tiene que venir a ver. Hay algo incomprensible. Hemos encontrado algunas cosas en el vientre del animal.

Me acerqué a ver qué pasaba. Como todos los presentes, me quedé atónito ante lo que vi. Era difícil de entender. Richard había encontrado en el estómago de la cabra una masa de bolsas de plástico estrechamente entrelazadas, formando un conjunto. Mediría unos treinta centímetros de largo. ¿Cómo podía tragarse un animal todo eso?

El cocinero de la parroquia, Pascal, que observaba la escena desde lejos, nos dijo:

—Revisad bien. Tiene que haber un hilo que lo ate todo. En el pueblo suele haber ese tipo de fundas y siempre encontramos un hilo que ata las bolsas.

Continuamos especulando sobre posibles explicaciones. Cogí aquella bola de plástico en la mano para observarla más de cerca y me di cuenta de que, efectivamente, las bolsas estaban unidas entre sí por un hilo. Era un hilo trenzado, muy apretado, como los hilos modernos que se venden en las tiendas.

—¡Tienes razón! ¡Aquí hay un hilo!

—Pues ya lo tiene —dijo Pascal—. Ese es el quid del asunto.

—¿Qué asunto?

—Es el *pondoli*. Es una práctica perversa que consiste en matar animales del bosque eliminando a los del pueblo.

—¡No entiendo nada!

—No puedes entenderlo. Eres casi blanco. Eres un hombre blanco con piel negra. No conoces nuestro sistema. Intentaré explicarte lo que sé. Los que practican esto tienden una trampa para los animales en el bosque. Después de haber colocado correctamente la trampa, regresan al pueblo y hacen un nudo con las bolsitas como ves. Después buscan una cabra o una oveja grandes del pueblo y le arrojan la bola de bolsitas, mientras hacen sus prácticas y pronuncian unas palabras especiales. Una vez que las bolsitas tocan a la cabra o la oveja bajo el efecto de este tipo de magia, se reproducen misteriosamente en su tripa. Un rato después, la cabra comienza a sufrir. Cuando sufre, hay una bestia parecida a una cabra o una oveja que cae en la trampa en el bosque y es atrapada fácilmente. Cuando el dueño de la trampa remata al animal en el bosque, muere la cabra o la oveja del pueblo.

—Lo siento —respondí—. No creo que esté hecho para entender este tipo de misterios.

—El mismo sistema se utiliza también con las personas. Hay gente que es capaz de introducir objetos en el vientre de los demás sin tocarlos, solo para hacerles daño.

Una vez más, escuchaba la misma canción: «El día que hayas integrado nuestro sistema». Llevaba casi ocho años allí y aún no había integrado el sistema... Yo seguía siendo un extraño, incapaz de comprender los grandes secretos de la vida ancestral de aquellos pueblos. Todos se rieron de mí. Me dijeron que estaba mal informado, que últimamente había habido muchas muertes de cabras en el pueblo; al parecer, en su interior se habían encontrado objetos de diversa índole, desde piedras hasta ropa, siempre enlazadas por el extraño hilo. Decididamente, vivía en la selva de los brujos. Me contaron ejemplos de personas que habían comenzado a aullar como animales y otras que habían vomitado plátanos enteros y otro tipo de rarezas que estaba lejos de entender.

—Ah sí, la gente vomita lagartijas vivas, ratones de dos patas y cocodrilos voladores. Yo prefiero quedarme con mi fe en Cristo —fue todo lo que les dije.

La brujería se hereda

A pesar de mis intentos para desentrañar los misterios de la brujería, ningún brujo llegó a revelarme ni siquiera una pequeña parte de sus secretos. El brujo solo revela su arte a otro brujo. Por lo tanto, es necesario ser ya un iniciado para acceder a ese mundo oculto. Se podría decir que yo me quedé en la superficie, tocando solo la punta del iceberg, sin comprender cómo era posible que la luz coexistiera de ese modo con la oscuridad.

El hechicero recibe esa herencia de su padre o de su madre. La brujería puede ser practicada tanto por hombres como por mujeres; en este punto, existe la igualdad. Donde yo estuve, tanto hombres como mujeres eran regularmente acusados de brujería, y el trato reservado para unos y otros era el mismo. Si el hechicero es hombre, inicia a uno de sus hijos en este oficio, y si es mujer, transmite este legado a una de sus hijas. De hecho, he visto mujeres encarceladas con su hija porque la gente suponía que la hija ya había sido iniciada en la profesión.

Una vez que uno practica la brujería, debe conocer a aquellos con quienes comparte esta actividad. Queda por saber qué procesos utilizan para reconocerse entre sí. El caso es que todos los hechiceros de la zona se reúnen regularmente por la noche bajo un gran árbol, en medio de la selva, para celebrar sus banquetes fúnebres. Es todo un reino oculto en lo profundo de la oscuridad. Su organización se asemeja a una especie de telaraña donde las víctimas son seleccionadas una a una para satisfacer el macabro apetito de una práctica absolutamente irracional.

Una bola de fuego voladora

Es difícil comprender estas creencias desde la perspectiva de la ciencia moderna, pero yo voy a tratar de narrarlas como me las contaron a mí. Para llegar al lugar del encuentro, los brujos utilizan un medio de transporte tan misterioso como fantasmagórico. Se dice que preparan una gran bola de fuego que se mueve sola en medio de la noche. La explicación sería que el hechicero se convierte en fuego y viaja dando saltos hasta su destino. En otras regiones viajan en una canasta voladora.

Solo los interesados conocen el mecanismo exacto, pero nunca lo comparten con los no iniciados. La gente cree que los perros, que tienen un sentido del oído y del olfato más refinado que el nuestro, ven a los brujos por la noche e incluso sienten su presencia. Cuando empiezan a ladrar todos a la vez es porque han visto algo o se sienten amenazados.

Para no quedarme en rumores y especulaciones, quise observar yo mismo aquellas bolas de fuego saltarinas. Yo acudía con cierta frecuencia al pueblo de Zabe. Allí todos estaban convencidos de que la reunión de brujos se llevaba a cabo muy cerca y de que los banquetes fúnebres se organizaban con regularidad. Aseguraban ver casi todas las noches bolas de fuego cruzando el pueblo. Para ellos no cabía ninguna duda de que se trataba del vuelo sin alas de los hechiceros, camino del banquete donde comían carne humana de una manera mágica. Aquellas afirmaciones me ponían la piel de gallina.

Tomé la decisión de quedarme despierto para observar el fenómeno. Sabía que la señal de una presencia extraña comenzaría con los ladridos de los perros. Había pensado salir justo con el primer ladrido, con mi cruz en la mano, para colocarme en medio del camino frente al fuego volador o saltarín, y decir: «En el nombre de Jesucristo, detente. ¿Quién eres?». No puedo negar que el proyecto me asustaba, pero estaba decidido a llevarlo a cabo. La gente decía que, cuando ves el fuego e identificas al viajero, corres el riesgo de morir en el acto, porque a los brujos no les gusta que se descubra su identidad. Si por desgracia identificas al brujo, te conviertes en víctima del banquete. Pero yo sabía que el Señor es el Amo del universo y el Espíritu Santo gobierna sobre todos los espíritus. Además, los brujos debían tener miedo de comerse a un sacerdote... Fuerte en mi fe, me había apodado a mí mismo «el brujo más grande».

Cada vez que iba a Zabe dormía con un ojo abierto y otro cerrado. Y cada vez que escuchaba a los perros, me levantaba, salía a la puerta y esperaba. ¡Y nada, absolutamente nada! Solo se veían las estrellas formando un panorama de extraordinaria belleza en el cielo. Nada más. Nunca vi moverse ningún fuego, ni una bola roja, ni un ruido, ni una señal que pudiera perturbar la serenidad de la noche. Después de varios intentos fallidos, se lo conté a algunos ancianos de la aldea. Me dijeron entonces que los brujos eran quizás malvados, pero no estúpidos. Sabiendo que el sacerdote estaba allí, seguramente posponían la reunión, porque temen a los hombres de Dios. No se atreven a aparecer si el sacerdote está cerca. Saben muy bien que por encima de ellos existe Dios, y que el representante de Dios en la tierra no son ellos, ¡es el sacerdote! Una vez más, el Señor salió victorioso, pero yo salí perdedor. Cada día que pasaba, disminuían mis oportunidades de aprender algo nuevo sobre la brujería.

Persecución al brujo Boykota

La otra oportunidad vino cuando conocí a Boykota. Este curiosísimo hombrecillo, envejecido prematuramente, se había hecho amigo mío en circunstancias que ya no recuerdo. Venía a menudo a la parroquia. Viendo su pobreza y su aspecto, le encargué algunas chapuzas para que pudiera subsistir. Nadie me había dicho que estaba entre los brujos más temidos de la zona. Corría la voz de que se había «comido» él solo a decenas de personas. Había estado en prisión varias veces y había escapado en más de una ocasión al linchamiento público. Al parecer, incluso él mismo había dicho que uno adquiere la brujería pero no puede deshacerse de ella.

Un día me presentó a su esposa, tan pobre como él. Quería celebrar su boda por la iglesia. Como era mi costumbre, planteé la pregunta a los consejeros parroquiales. Nadie me informó de su condición de brujo. Ese es uno de los aspectos enigmáticos de ciertas culturas africanas: cuando se dan cuenta de que no los entiendes, te dejan en la ignorancia hasta que chocas contra una pared y descubres la verdad por ti mismo. Y eso es exactamente lo que me pasó. Unos días después de la boda, ya no vi a Boykota en la ciudad. Había desaparecido. Su ausencia me preocupó. Uno de sus vecinos me dijo que había sido expulsado por el jefe de su barrio. Entonces fui a ver al jefe. Me informó de que lo había ahuyentado porque sospechaba que se había «comido» el corazón de su esposa. Añadió que lo mataría si reaparecía por allí. Los vecinos habían destruido la cabaña donde vivían Boykota y su mujer, quienes se vieron obligados a huir durante la noche. Todos los pasos que di —incluso a nivel del Ayuntamiento— para salvaguardar los derechos de cada persona a poseer una casa o tener una propiedad privada, fueron rechazados sin contemplaciones. Nadie entendía por qué me importaba un delincuente que toda su vida llevaba soñando con comerse el corazón de sus conciudadanos.

El brujo puede ser condenado a vagar de pueblo en pueblo, sin domicilio fijo, o incluso linchado sin juicio previo. Si en el pueblo donde cometió el supuesto crimen no lo matan, se le puede expulsar para que vaya a cometer sus fechorías a otra parte. A menudo, la administración local respalda estas prácticas. Para alguien así, mantenerse con vida es una verdadera hazaña.

Boykota se fue a vivir a otra localidad situada a siete kilómetros de la parroquia. Después de unos meses, un joven miembro del coro católico enfermó en dicha localidad. Al parecer, era vecino de Boykota. Lo llevaron al hospital. Cuando fui a visitarlo, traté de averiguar qué le pasaba. El corista me explicó que le dolía el pecho a la altura del corazón. No tenía fiebre ni otros síntomas, pero sentía que la vida se le escapaba. El médico no sabía qué enfermedad le aquejaba. He de puntualizar que el hospital en Bakouma no tenía equipos modernos para realizar análisis en profundidad. El médico hacía lo que podía para salvar al paciente, pero sin medios. Al día siguiente de mi visita, el paciente expiró. En su pueblo, la pasión y la ira prevalecieron sobre la razón, como solía suceder en esas circunstancias.

Recogí el cadáver del hospital en mi camioneta para llevarlo de vuelta al pueblo. Cabe decir que mi camioneta era multiusos —igual que yo—. Encontré a la gente en un estado de locura colectiva. Amigos y parientes planeaban la venganza. Las lágrimas se intercalaban con maldiciones dirigidas contra Boykota. Todos estaban convencidos de que el joven había sido víctima de brujería, porque un joven no podía morir de otra cosa.

Como he indicado antes, el brujo es siempre brujo, desde el momento en que se le designa como tal. Es una mancha que se parece al pecado original. ¡Pobre del que es señalado, aunque sea una sola vez, como brujo! Casi con toda seguridad tendrá que soportar todo tipo de males, su vida será corta, y su final, trágico.

Boykota fue expulsado por segunda vez del lugar donde vivía. Salió huyendo por la noche, cruzando el bosque. Llegado a Bakouma, el clamor popular se desató contra él. Atravesó toda la ciudad bajo una lluvia de insultos y amenazas de muerte. Si lo hubieran atrapado, probablemente habría terminado debajo de un montón de piedras o quemado vivo.

Un día después, su mujer, desesperada, se presentó en mi despacho. Me pidió que la ayudara a encontrar a su marido, del que no sabía nada. Ella se había tenido que esconder para llegar a la parroquia y llevaba prácticamente dos días sin comer. Busqué en mis reservas y le di algunas latas de conserva.

Después fuimos en coche a buscar a Boykota. Íbamos preguntando por el camino. Finalmente lo localizamos tirado en la cuneta, cansado, hambriento y desesperado. Se sintió aliviado por la presencia de su esposa y las pocas latas de conservas que llevaba.

—Padre, el mundo es malo.

—Sí, lo he visto, Boykota. ¿Me permites que te haga algunas preguntas, en confianza?

—¿Por qué no? Eres mi sacerdote.

—Dime, ¿tú practicas la brujería?

—No. Eso son historias que se inventa la gente. No, no soy brujo.

—Pero entonces, ¿por qué te persiguen? Ya sabes que soy sacerdote. Lo que me digas quedará entre nosotros.

—Le voy a decir la verdad, padre. Solo conozco algunos trucos simples; por ejemplo, para que el agricultor pueda tener mucha cosecha o para que el comerciante pueda tener muchas ganancias. ¡Nada más!

Cuando comenzó a revelarme sus secretos, nos dimos cuenta de que había gente que se había parado a escuchar. Boykota se calló y se despidió de mí. Quería seguir a los caminantes para buscar un lugar donde pasar la noche, ya que no podía regresar al pueblo. No volví a verle. Poco después, supe que se había convertido en testigo de Jehová. La gente decía que había cambiado de religión, pero que seguía siendo brujo.

No pude evitar preguntarme: «Si Boykota, tal como él mismo me dijo, sabía cómo mejorar las cosechas y multiplicar las ganancias comerciales, ¿por qué era pobre?». Una vez más, me quedé sin respuesta. Todos los brujos que había conocido y a los que la gente designaba como tales eran unos pobres desgraciados. Si realmente tenían algún tipo de poder, solo les traía amargura y exclusión social.

Cuando el diálogo no es posible

Habiendo fracasado en mis intentos de penetrar el misterio del mundo oculto que me rodeaba, me propuse probar el método de la fe para llegar al meollo del asunto. Desde que era niño, siempre he creído en el poder de la fe. Después, mi experiencia como refugiado sirvió para reforzar mi convicción de que la fe inquebrantable mueve montañas. Creo firmemente en la Palabra de Jesús, que dice: «El que cree, expulsará los demonios».

Esa fe fue decisiva en mi misión. En un lugar donde el demonio parecía estar por todas partes, rodeado de sus acólitos y de todas las fuerzas del mal, solo la fe podía mantenerme firme. Más de una vez me encontré frente a un poder oscuro, aunque me costaba verlo en la superficie. Debo admitir que donde está el diablo, se puede percibir su olor —o más bien, su hedor—. Aunque se esfuerza por presentarse bajo la piel de una oveja, gracias al auxilio de la fe acabas viendo sus ojos de lobo.

Mi primera lucha un poco más directa contra el diablo tuvo lugar en el pueblo de Muru, que dista 85 km. de Bakouma. En aquel momento, el pueblo, que pertenecía a mi territorio parroquial, estaba aislado geográficamente entre el río Guinigo —todavía no habíamos construido el puente— y el río Kotto, también sin puente.

En Muru vivía un hombre con fama de tener poder sobre los *toro*. Aunque los he mencionado con anterioridad, recordemos que los *toro* son espíritus poderosos de antiguos caudillos que protegen a un pueblo contra invasores o calamidades. A cambio, los habitantes deben hacerles ofrendas para obtener su favor. En cada cosecha, cada aldeano lleva frutos de su campo y se los entrega a la persona encargada de satisfacer las necesidades de los espíritus protectores. Si uno se olvida de las ofrendas o descuida a los espíritus, estos pueden enfurecerse contra el pueblo, esparciendo todo tipo de enfermedades. En los reinos de los *nzakara,* los *banda* o los *zande*, con concepciones de este tipo de creencias muy similares, siempre hay una familia encargada de relacionarse con los espíritus en nombre de todo el pueblo. Si hay guerra, esa familia pide la paz a los *toro* por medio de ofrendas especiales. Si los *toro* quedan satisfechos, ahuyentan al enemigo o lo disuaden de atacar la aldea.

Nuestra parroquia había decidido crear una comunidad católica en Muru. Después de mucho esfuerzo, pudimos reunir un pequeño núcleo de aldeanos. Los habitantes del pueblo nos animaron a seguir adelante con la evangelización, a pesar de la oposición de un tal Maidu, el interlocutor con los *toro* del pueblo. Todos sus hermanos se unieron a la nueva comunidad católica, pero él no quiso. Maidu había heredado de su padre los espíritus en nombre de todo el pueblo. Pero según sus propios hermanos de sangre, en lugar de ceñirse a su función de proteger la aldea, les había encargado otra misión, y los estaba usando en su propio beneficio para eliminar personas. Todo el mundo le temía y le odiaba. Había asegurado que ninguna iglesia cristiana lograría prosperar en Muru porque él usaría sus poderes para impedirlo.

Se construyó una cabaña en el bosque para llevar a cabo sus prácticas rituales. Su choza era considerada el hogar del *toro,* un lugar sagrado. Nadie se atrevía a acercarse. Creo que el arma secreta de Maidu era el miedo.

Después de dudar durante mucho tiempo, decidí ir a buscar a Maidu a su casa. Quería discutir con él el problema de los espíritus y, de paso, comprender mejor sus mecanismos ocultos. Quería expulsarlos del pueblo o al menos neutralizarlos. Quería liberar al pueblo de las garras de las fuerzas ocultas, y al mismo tiempo, si podía, convertir a Maidu a la fe católica. Era un proyecto arriesgado, pero yo confiaba en el Señor.

Partí hacia Muru. Después de dos días de viaje llegué al pueblo, donde me esperaba el pequeño grupo de cristianos, que estaban al tanto de mi llegada. Lo que no sabían es que quería encontrarme con el jefe de los temibles espíritus. Oré durante mucho rato por la mañana para tranquilizarme y solicitar la asistencia del Espíritu Santo. Me sentía preparado para la lucha contra los espíritus de Maidu, pero no por eso dejaba de sentir cierta aprensión. La ausencia total de miedo en este tipo de circunstancias es más un deseo que una realidad.

Cuando le pregunté al catequista si quería acompañarme, alegó una excusa. Por mi parte, me ajusté mi cruz de san Benito, que usaba a menudo para neutralizar al diablo, hice una intensa oración interior, y me puse en camino hacia la cabaña de Maidu.

—Buenos días, Maidu. Soy el párroco de Bakouma.

—Te conozco muy bien.

—Me gustaría hablar contigo. ¿Puedo?

—No.

Pensé que, una de dos, o yo no había entendido bien la respuesta, o él no había entendido mi petición. Así que la repetí.

—Me gustaría hablar contigo.

—No. Yo no quiero hablar.

Se calló y se quedó mirándome a los ojos sin pestañear. Me sentí desarmado. Todo lo que había planeado se vino abajo por una simple negativa. No sabía qué decir ni cómo reaccionar. Nos miramos en silencio. Él estaba en su casa, yo no. Me vi obligado a abandonar la lucha por falta de oponente. Me sentí humillado y vencido en el terreno de mi adversario. Yo, sacerdote, escuchado en todas partes en aquella zona, me veía obligado a retirarme ante aquel «no». No nos dijimos nada más. Bajé los ojos, confundido, y me retiré. No recuerdo haberme despedido.

Tuve la impresión de estar ante el mismísimo diablo. Inmediatamente comprendí la razón del terror que Maidu inspiraba a sus vecinos. Algo fuerte lo habitaba, pero yo no había sido capaz de desvelar su identidad.

Volví al cobertizo que funcionaba como capilla, convencido de que había sido derrotado antes de comenzar la pelea. Iba cabizbajo, con cierta vergüenza, y me asaltó una pregunta: «¿No me habrían bloqueado los *toro* de Maidu?».

Los cristianos me esperaban impacientes.

—¿Cómo ha ido todo?

—No ha querido hablar conmigo.

—Eso es que estaba asustado. Tenía miedo de que supieras demasiado sobre sus fuerzas malignas y pudieras neutralizarlas. Si hubiera ido otra persona, la habría atacado. La presencia de un sacerdote lo incapacitó para decir nada.

Me sentí aliviado. Cristo no me había abandonado. Esa interpretación positiva del encuentro me dio valor para continuar con mis actividades en la comunidad. Posteriormente me dijeron que Maidu había dispersado los símbolos de los espíritus en distintos lugares, por temor a que yo volviera a buscarlos y los destruyera. Quería proteger su patrimonio.

La bruja Yvonne y el misterio del gendarme recién llegado

Mi segunda historia se refiere a Yvonne. Era una mujer con reputación de bruja en toda la ciudad de Bakouma. La habían golpeado varias veces, dándola por muerta, y había estado en la cárcel. No se le había ahorrado ninguna tortura. El dolor era su pan de cada día desde muy joven. En compañía de su hija, vivía uno de los mayores dramas humanos que tuve que afrontar en mi labor pastoral en Bakouma. Más de una vez la saqué ensangrentada de las garras de sus verdugos, y en más de una ocasión pude desactivar los planes para asesinarla. Ella y su hija eran constantemente víctimas del furor popular, una por actuar y la otra por aprender a actuar —todo supuestamente—.

Su presunta brujería se remontaba a mucho tiempo atrás. Todo lo que tocaba se volvía peligroso y contaminado; todas las palabras que pronunciaba eran interpretadas como maldiciones. Se decía que su hija ya había completado la iniciación y había comenzado a practicar. De hecho, cuando me aventuré a enviarla a la escuela católica para que aprendiera a leer y escribir, la mitad de los alumnos abandonaron las clases por miedo a ser hechizados.

Descubrí a Yvonne cuando la acusaron después de la muerte de un vecino. Como casi siempre, había que encontrar un chivo expiatorio para justificar esa muerte, y tanto Yvonne como su hija cargaron con la culpa, al ser señaladas como las causantes. Yvonne fue encarcelada en la gendarmería de Bakouma, no sin antes recibir los golpes y ataques de una multitud delirante.

Ella y otra mujer acusada también de brujería languidecían en prisión, en total indigencia, hambrientas, sin juicio e indefensas. El comandante de la gendarmería, que se encontraba solo en la zona y que, por tanto, reinaba como monarca absoluto, supo entonces que sus superiores jerárquicos habían decidido enviarle a otro gendarme para gestionar la zona. No acogió con agrado esa decisión. El nuevo iba a descubrir sus trapicheos y, sobre todo, a compartir con él los dividendos de la corrupción.

¿Cómo podía él interferir en la llegada de su colega? Trató de anular su nombramiento, pero no pudo. El día de su llegada, el comandante tuvo una iluminación extraordinaria: la solución a su problema estaba dentro de la propia cárcel. Irrumpió en la celda de las presuntas brujas para hacer un pacto secreto con ellas. Empezó por engatusarlas, prometiéndoles maravillas si conseguían «hacer algo». Sí, «hacer algo» fue la expresión que utilizó. El comandante quería que usaran su poder para impedir la llegada del nuevo gendarme o que lo neutralizaran en el caso de que consiguiera llegar.

El pacto secreto, llevado a cabo lejos de las miradas indiscretas en la parte trasera de la cárcel, estipulaba que, si las dos mujeres tenían éxito, el comandante las liberaría de la cárcel, diciendo que no había encontrado nada malo. Incluso prometió rehabilitarlas ante la sociedad, explicando a todos que eran buenas cristianas y no tenían nada de brujas.

Una vez cerrado el acuerdo, esperaron la llegada del gendarme para comprobar la eficacia del poder de las dos mujeres. Mientras tanto, el comandante de la gendarmería bebía en los bares de la ciudad sin preocuparse de nada.

El día de la llegada del nuevo gendarme sucedió algo insólito. Después de saludar a los vecinos, esa noche cayó repentinamente enfermo. Rápidamente lo llevaron al hospital de Bakouma, donde entró en coma. El comandante movió cielo y tierra para evacuarlo de urgencia a Bangassou, obviamente no sin interés. El hospital de Bangassou se declaró incapaz de tratarlo. Lo llevaron a Bangui, en la capital. Allí, en la antesala de la muerte, se salvó por poco. No murió, pero decidió no volver a poner un pie en Bakouma, convencido de que allí había sido embrujado.

Al día siguiente, unos gendarmes de Bangassou llegaron a Bakouma para investigar lo sucedido. La gente se apresuró a señalarles la dirección de la cárcel de la que se suponía que había surgido la misteriosa enfermedad. Cuando se les preguntó acerca de las acusaciones, las dos mujeres dijeron a los investigadores que el comandante les había pedido que «hicieran algo».

Ese mismo día las trasladaron a la prisión de Bangassou, donde pululan criminales y bandidos, hechiceros y delincuentes. Los prisioneros luchan por sobrevivir. El Estado no se hace cargo de su alimentación, y el dinero para alimentarlos desaparece antes de llegar a su destino. Los presos, después de hacer un contrato con los carceleros, salen por la mañana a buscar comida en los barrios. Cuando regresan, pagan para entrar en la prisión. Debe ser la única cárcel del mundo donde se paga para entrar. Ciertos rumores hablan de pactos secretos por los que a los ladrones encarcelados se les permite salir de noche a robar, y a su regreso comparten el botín con los carceleros... Evidentemente, no pude verificarlo, porque no fui testigo de ninguno de esos pactos.

Hasta entonces, yo no conocía a Yvonne. Solo había escuchado su historia. Unos meses después de este episodio, fui a Bangassou para resolver algunos asuntos. Yvonne vino a verme a las instalaciones de la catedral.

—Creo que te conozco de Bakouma —le dije—. ¿Qué haces aquí?

—Me encarcelaron. Me acusan de brujería.

—¿Cuánto tiempo llevas en la cárcel?

—Varios meses.

—¿Fuiste tú quien hizo brujería a petición del comandante de Bakouma?

—Eso dicen, pero es una acusación injusta. Yo no sé nada de brujería. Es una invención de la gente. Además, aquí el juez nos acaba de liberar. Nos ha dicho que volvamos a casa. ¿Puedes ayudarme a regresar a Bakouma?

No me detuve mucho en el tema de la supuesta brujería. Sabía que era inútil hacerle demasiadas preguntas. Ningún brujo —si es que es brujo— te va a contar su secreto, y mucho menos su receta. Le di algo de dinero para que pudiera volver a Bakouma. Así fue como comencé mi «carrera» como protector de brujos.

Y así fue como conocí a Yvonne. Ella era cristiana católica. Más adelante hablaría mucho con ella, con la esperanza de que ampliara la información que yo tenía sobre la brujería. Sin embargo, nada de lo que me contó aportó lo más mínimo a mis conocimientos sobre la naturaleza de su supuesta especialidad. Lo que sí pude comprender es que vivía un cruel drama social y humano ligado a su historia, y que solo se podía curar, en mi opinión, por una liberación interior. Pero ella nunca tuvo el valor de participar en ese proceso espiritual, al menos mientras yo estuve allí.

El pacto de Duma con el diablo

Durante mi proceso de investigación sobre las fuerzas ocultas y mi deseo de sanar a los afectados a través de Cristo, tuvo lugar un incidente en Kpangu. Para los lectores que lo hayan olvidado, Kpangu es el pueblo minero rodeado de bosque donde el padre Alain y yo encontramos un cadáver al borde del camino.

Había decidido ir caminando a Kpangu con un gran amigo, el padre Max, un joven excepcional. El camino estaba embarrado y, en algunos lugares, inundado. Los feligreses de la parroquia nos habían adelantado, tomando el mismo camino para una reunión anual de formación. Los del pueblo habían comprado un buey entero para alimentar a todos los visitantes. La formación era al mismo tiempo una fiesta parroquial, una oportunidad para conocerse, planificar las actividades y vivir el espíritu misionero. Me encantaban esos momentos y sé que no era el único.

En cuanto llegamos nos pusimos a trabajar. La formación iba bien. Durante los descansos acompañábamos espiritualmente a los que lo deseaban o respondíamos a las preguntas de los que venían a consultarnos. En uno de esos descansos apareció un hombre cuyo nombre no recuerdo. Lo llamaré Duma para entendernos. Se presentó amablemente. No tenía mala pinta. Nos pusimos a hablar con él y muy pronto el padre Max y yo nos dimos cuenta de que su forma de hablar era sesgada. Hablaba en parábolas, se desviaba. Nos dijo que era católico, pero que no practicaba. Tenía fe, pero no de la que llega a comprometer a la persona. Era un hombre enigmático. No entendíamos el motivo de su visita.

El padre Max era miembro de la Renovación Carismática, y yo era muy cercano a ese movimiento. Sabíamos por experiencia que hay momentos en que es necesario recurrir a la intervención del Espíritu Santo. Recuerdo que ambos nos miramos y vi que él también había percibido algo extraño en Duma. Ese hombre necesitaba ayuda. Estaba desgarrado por dentro.

—Creo que si os cuento todo lo que me pasa, no lo vais a entender —empezó.

—Bueno, podemos intentarlo. Te escuchamos. Trataremos de ayudarte en todo lo que podamos.

—En realidad, no soy lo que aparento. Soy de Kpangu, pero no vivo aquí, sino en el bosque. Tengo una cabaña y llevo una vida solitaria, sin esposa ni hijos ni vecinos. Tengo prohibido vivir en el pueblo con los demás.

—¿Quién te ha prohibido eso? —le pregunté, intrigado.

—Nadie de aquí.

Duma nos contó que había experimentado el deseo de hacerse rico. ¿Y cómo? Encontrando diamantes. Y como he mencionado en otro punto del libro, la gente cree que no es posible encontrar diamantes sin hacer un pacto con el espíritu del poder, el diablo en cierto modo.

«Decidí ir en busca del espíritu del poder —nos explicó Duma—. Viajé por los pueblos y aldeas centroafricanas, pero no conseguí mucha información. Finalmente, me aconsejaron ir a Zaire —ahora República Democrática del Congo—, donde podría establecer contacto con espíritus fuertes. Así pues, viajé a Zaire. Después de un largo viaje y de superar múltiples obstáculos, me dijeron quién conectaba a los humanos con el mundo oculto. Ofrecí todo lo que me pidieron que ofreciera, hice todos los sacrificios que me recomendaron y prometí hacer todas las prácticas que me impusieron. Me dieron las siguientes reglas: "Ya no vivirás en medio del pueblo como los demás y no te casarás. Si cumples estas normas siempre tendrás diamantes, pero si las incumples la desgracia caerá sobre ti".

Regresé de la República Democrática del Congo con la esperanza de hacerme rico. Estaba seguro de poder entrar en el club de los peces gordos. No sabía que acababa de arrojar voluntariamente mi vida en manos del diablo. Había firmado un contrato con el mal, pero no había leído la letra pequeña. En esas circunstancias, nunca te lo cuentan todo. Te resumen las líneas principales, pero luego los detalles los vas descubriendo tú poco a poco.

Después de mi visita al Congo, volví a Kpangu. En aquella época se decía que los diamantes salían de la tierra como las patatas. Construí una cabaña cerca de un arroyo, tal como me habían dicho, cavé la tierra y comencé a extraer diamantes. Incluso en épocas en que los demás no tenían suerte, yo seguía encontrando diamantes. Todo el mundo me conoce aquí. Podéis preguntar a cualquiera. Y sin embargo, soy pobre. Más que pobre, soy infeliz. O más bien, soy la encarnación de la miseria. ¡Yo ya no sé ni lo que soy!».

El padre Max y yo observamos a Duma pensativamente.

—Tienes diamantes y eres pobre. ¡Es bastante paradójico! —le dijo Max.

—Tengo diamantes todo el tiempo, ¡y soy pobre! Cuando cavo hoyos en la mina, siempre encuentro diamantes. El problema viene después. Una vez que tengo uno en mis manos, una fuerza irresistible me empuja a ir a venderlo el mismo día. Muchas veces salgo de Kpangu de noche y cruzo todo el bosque para ir a vender el diamante a Nzako. Nunca duermo con el diamante en casa, nunca. Y eso no es todo. Mis diamantes nunca cuestan todo lo que deberían costar. No sé cómo, pero siempre acepto el precio que me dan en el primer contacto con el comprador. Es como si el diamante intentara deshacerse de mí. Después de eso me arrepiento de no haber negociado un poco más. Una vez que he vendido la piedra, hay una fuerza imposible que me empuja contra mi propia voluntad a gastar todo el dinero en bebidas y placeres. Os voy a decir algo que os sorprenderá: cuando tengo el dinero, soy capaz de ir a la casa de alguien y ofrecerle cientos de miles de francos al marido para que deje a su esposa conmigo solo por una noche. Ha ocurrido varias veces. Y después de eso, casi me matan los hombres por sus esposas. El dinero nunca se queda conmigo. Una vez que lo tengo, no sé qué me pasa: paro todo el trabajo, me lo gasto y después vuelvo a casa prácticamente con las manos vacías. Vivo encerrado en ese círculo vicioso insoportable. Decidme si hay mayor miseria.

A veces, después de haber pagado mucho, logro traer una prostituta a mi casa para hacer como todos, al menos por una noche. Esa misma noche, sin poder tocarla, empiezo a tener la impresión de estar al lado de un cadáver. ¡El cuerpo de la prostituta se convierte en un cadáver ante a mí! Yo me asusto, pierdo todo el deseo, y le doy a la mujer dinero para que acepte marcharse esa misma noche. Cuando se niega, la echo a patadas, dándole el dinero que me queda a la fuerza. Pagada para venir a darme placer, le pago de nuevo para que no me lo dé.

Ya ven, padres, que soy un infeliz. Esto no es vida. Estoy completamente destrozado. Tengo que soportar una amargura que me supera. ¡No puedo más! No sé cómo deshacerme de esta fuerza que me persigue.

Duma terminó su discurso en un tono melancólico. Su vida era dolorosa. Tenía un desgarro interior, una herida moral y espiritual. Se había convertido en un esclavo del diablo. Lo que había estado buscando como un espíritu de poder, resultó ser el espíritu del mal. El diablo había entrado en su vida. Cualquier intento de felicidad estaba condenado al fracaso. Lo miré a los ojos y me pareció percibir la oscuridad de su corazón.

Tanto el padre Max como yo estábamos muy conmovidos, perplejos. Le hicimos algunas preguntas, pero sin tocar la raíz del problema. No queríamos que nos detallara aún en qué había consistido el proceso de su pacto con el diablo, lo que había visto o hecho en el Congo y las prácticas a las que le habían sometido.

En lugar de eso, le dije:

—Duma, te hemos escuchado. Tu historia es dolorosa y muy conmovedora. Sin embargo, nada es imposible para Dios. Aquí estamos rodeados de personas y oídos indiscretos. No hay silencio ni la tranquilidad que necesitamos para ayudarte. Te propongo algo: si quieres liberarte definitivamente de ese poder que te acosa, ven a vernos a la parroquia de Bakouma. Tu liberación se hará en dos o tres días. Los sacerdotes han recibido de Jesucristo el poder de expulsar demonios, sea cual sea la fuerza que tengan. Y el tuyo no es más fuerte que los demás. Te diremos qué hacer y oraremos por ti. Echaremos fuera a este demonio en el nombre de Jesucristo, pero debes decidir seriamente deshacerte de él.

Al recomendar ese viaje, quería que Duma se tomara en serio su compromiso, que lo pensara bien y tomara una decisión personal para alejarse de las prácticas maléficas que lo mantenían cautivo. Si decidía venir a Bakouma, lo iba a someter a un retiro, ayuno y oraciones, y al final, rezaría una oración de liberación con el padre Max, imponiéndole nuestras manos. Estaba seguro de que Cristo triunfaría sobre el diablo, como siempre lo ha hecho, a través de mis humildes manos.

Pero Duma no vino a Bakouma. Nunca volví a verlo. ¿Había recibido una visita amenazadora del diablo después de nuestra discusión? ¿Tenía miedo de perder algunos de los privilegios relacionados con el pacto? ¿O le asustaba la posible venganza del diablo si llegaba a comprender el juego que estaba jugando? ¿Le faltó fuerza espiritual para dar ese paso? Es difícil juzgar cuando se trata de dramas humanos. Me han dicho que en los pactos diabólicos siempre hay cláusulas que estipulan que, si el interesado descuida las recomendaciones, le obligan a sacrificar a un miembro de su familia como castigo. Si tiene hijos, se toma al mayor; si no los tiene, se le exige que entregue a su esposa. Si no está casado, van a por su padre o su hermano. El más mínimo intento de evadir el pacto puede resultar fatal para él o su familia. De hecho, cuando había un muerto en el pueblo, no faltaban las conjeturas en ese sentido: o bien era víctima de brujería, o bien lo había vendido un pariente cercano en busca de riqueza, o bien sucumbía a causa del mal uso de las fuerzas maléficas por parte de un miembro de la familia.

La manifestación del poder de Dios

En un entorno como el de Bakouma no solo experimenté fenómenos tan extraños que desafiaban todo mi repertorio de conocimientos, sino que también fui testigo de cómo Dios se hace presente en medio de su pueblo y actúa con su poder. Los relatos que siguen son una clara demostración de ello.

El primer episodio sucedió en Wanda, un pueblo a más de 65 km. de Bakouma. La primera vez que fui con la intención de crear una comunidad y empezar a construir una iglesia, pasé verdadera hambre por el camino y luego después en el pueblo, porque nadie reconocía a un sacerdote católico.

En mi segundo viaje fue cuando ocurrió lo que voy a narrar. Había enviado a los scouts de la parroquia para calentar el ambiente para una mejor evangelización. Se habían ido una semana antes a pie y yo me iba a unir a ellos tras un viaje en moto. La idea era ir de puerta en puerta, hablando del amor de Dios a los habitantes de Wanda, que no tenían ninguna noción del catolicismo.

Llegué con el catequista François sentado detrás de mí en la moto. Los scouts ya estaban allí. La pequeñísima comunidad cristiana había podido organizarse para acogernos. A François y a mí nos ofrecieron la cabaña de un diácono protestante para dormir. No pedimos nada más.

Durante la noche me despertaron unos scouts. Al parecer, una de las chicas del grupo estaba muy mal. Había perdido la consciencia. Ellos creían que estaba embrujada.

Fui con ellos rápidamente al campamento scout. Efectivamente, Sara, la chica, presentaba un cuadro extraño, aunque no tenía fiebre. Como el pueblo no tenía médico, ni enfermera, ni farmacia ni nada parecido, no tuve más remedio que improvisar a mi manera. Sugerí que la pusiéramos en una casa aparte y la dejásemos tranquila. Yo volvería por la mañana para ver cómo estaba.

Pero no pude pegar ojo en toda la noche. Estando allí, yo era responsable de esos jóvenes. Durante la noche escuché al jefe del pueblo proferir amenazas contra todos los hechiceros de Wanda, acusándolos de haber atacado a la niña. Prometía investigaciones para descubrir cuál de ellos era el verdadero culpable, y prometía quemarlo en la plaza pública si la niña moría. El asunto se estaba poniendo muy serio. Mientras tanto, los compañeros de la niña planteaban soluciones extrañas, como echarle no sé qué plantas en los ojos para hacerla hablar. Hay una creencia muy extendida que asegura que si se echan líquidos a una persona hechizada, esta grita el nombre del criminal. Así es como se atrapa a muchos supuestos brujos.

A la mañana siguiente, alrededor de las ocho, fui a la cabaña donde yacía la joven. Me acompañó el catequista François. Tuve este diálogo con Sara, la niña enferma:

—Sara, ¿puedes oírme?

—Sí, puedo oírte.

—¿Quién soy?

—Por la voz, debe ser usted el padre Gaétan.

—¿No puedes verme?

—No.

—¿Qué estoy haciendo ahora mismo? —le pregunté, balanceando las manos frente a sus ojos, que tenía completamente abiertos.

—No lo sé. No veo nada.

—¿Quién está a mi lado? —señalé a François, el catequista.

—No lo sé.

—¿Dónde estás ahora, Sara?

—Estoy atada a un árbol, en medio de un huerto.

—¿Quién te ha atado?

—Han sido dos hombres. Me atraparon a la fuerza y me han traído aquí, me han atado y luego se han marchado, diciendo que iban a buscar fuego.

—¿Conocías a esos hombres?

—No, no los había visto nunca.

Su discurso parecía coherente, pero estaba fuera del tiempo y del espacio. Me escuchaba sin verme. Estaba sentado a su lado, pero no me sentía. Todos sus sentidos, excepto el oído, habían dejado de conectarla con la realidad. No presentaba síntomas físicos de enfermedad: no tenía fiebre, no se quejaba de ningún dolor. Sufría una alteración de otra naturaleza. ¿Alucinaciones? ¿Problemas de la vista? ¿Alteraciones mentales o psíquicas? Describía un paisaje a su alrededor que nuestros sentidos no podían percibir. Veía cosas que nosotros no podíamos ver.

No sabía qué hacer. El hospital más cercano estaba a 65 kilómetros, un día entero en moto o más de dos días a pie. Incapaz de comprender el fenómeno, decidí recurrir a la única posibilidad que me quedaba: la fe. Pero antes de cualquier intento, tenía que asegurarme de que Sara accedía a colaborar en el proceso.

—Sara, ¿crees que Jesucristo te puede sanar? —le pregunté directamente.

—Sí, lo creo.

—¿Quieres que le pida a Jesucristo que te libere?

—Sí, no quiero quedarme aquí debajo de este árbol. Tengo miedo.

Le impuse las manos, mientras rezaba una oración que improvisé en ese momento. François me miraba en silencio. Estaba convencido de que el poder de Dios se manifestaría, pero no pasó nada. Luego le pedí a François que trajera un poco de agua en un vaso y la bendije con toda la intensidad de mi fe. Le pedí al Señor que interviniera y rocié tres veces a Sara, diciendo en voz baja: «Señor, libera a esta niña». Al tercer chorro de agua bendita, Sara abrió los ojos y me miró. Parecía estar regresando de otro mundo.

—Sara, ¿puedes verme?

—Sí.

—¿Dónde estoy?

—A mi lado.

—¿Y quién está junto a mí?

—El catequista François.

—¿Y dónde estamos ahora?

—En una cabaña.

Sara acababa de ser liberada. Había vuelto a la vida normal. No le pregunté qué había pasado, porque probablemente no habría sido capaz de explicar de dónde venía. Hasta que no se demuestre lo contrario, continuaré creyendo que fue salvada por la oración y el agua bendita. No veo otra explicación.

Aunque no sé si en el caso concreto de Sara había sido o no una manifestación del diablo, sí hubo algún caso en el que tuve que enfrentarme a él. Según los exorcistas, la presencia del diablo no siempre es silenciosa. Este personaje hostil a Dios tiene muchas facetas. Los expertos afirman que puede causar estragos, tanto en el silencio como en el ruido. A menudo pasa desapercibido para ir minando el camino de sus víctimas; otras, las atormenta a la vista de todos. Ahora no hablo de brujería en sus múltiples facetas, sino del mismo diablo, tal como lo conocemos en los Evangelios.

Arsène embrujado

Todo comenzó durante una sesión de formación para los catequistas de la parroquia. Eran sesiones de una semana. Los catequistas dormían en la misma habitación, compartiendo comidas, discusiones, alegrías, tristezas. En esta ocasión eran unos treinta.

Marcel, catequista de Fadama, a 3 km. de Bakouma, formaba parte del grupo. Una noche llegó corriendo un mensajero que venía desde Fadama para avisarle de que su hijo de veinte años, Arsène, se estaba muriendo. Marcel se marchó sin hacer ruido para no molestar a los demás. Encontró a Arsène al borde de la muerte, en un coma incomprensible. Tenía el cuello extrañamente torcido y presentaba otros síntomas que nadie se explicaba. Desprendía un olor que, para los entendidos, era presagio de muerte inminente. Toda la familia estaba consternada, impotente ante el suceso. Algunos mencionaron la posibilidad de un embrujo.

Por la mañana, Marcel regresó a la parroquia para contar a sus compañeros catequistas lo que sucedía. Describió el estado de su hijo sin omitir ningún detalle. Uno de los catequistas, llamado Justin, le dijo que sabía de qué se trataba. Para sorpresa de todos, metió la mano en el bolsillo de su chaqueta y sacó una botella que contenía un ungüento de hierbas hecho por él mismo. Se lo entregó a Marcel con la siguiente recomendación: «Vas a ungir el cuello del muchacho con este ungüento. Ponle también un poco en las fosas nasales y en la boca, y verás el resultado».

Marcel se apresuró a volver a Fadama con la botellita en mano. Encontró a su hijo en estado crítico. La gente se amontonaba esperando el último aliento. No tenían ninguna duda: el joven se estaba muriendo. Marcel se abrió paso e hizo lo que Justin le había aconsejado. Después de unos minutos, Arsène volvió en sí, abrió los ojos y sonrió. Empezó a hablar. La enfermedad desapareció misteriosamente.

Marcel regresó a la parroquia para contar la noticia y darle las gracias a Justin. Me enteré de la curación enseguida. Llamé a Marcel a mi oficina para obtener la versión original. Me explicó todo detalladamente, pero me costaba creerlo, por lo que llamé después a Justin.

—Justin, he sabido que le has salvado la vida al hijo de Marcel. ¿Cómo lo has hecho?

—No tiene nada de especial. Lo que le di a Marcel solo era un ungüento que uso para curar la sinusitis. ¡Creo que era sinusitis lo que su hijo tenía!

Comprendí que me estaba mintiendo, y también que existía una barrera infranqueable entre ese sistema suyo de creencias y el mío. Y sin embargo, yo era tan africano como ellos, aunque como algunos alegaban, «no había podido integrarme en su sistema local».

Cuando la formación concluyó, todos los catequistas se fueron a casa. Transcurridas unas semanas, fui al pueblo de Justin, que estaba a 60 km. al este. Aproveché el trabajo que había iniciado en el puente de Guinigo para visitar a los cristianos. Me detuve en casa de Justin. Empezamos hablando de la lluvia y el buen tiempo. Discutimos los problemas de la comunidad que dirigía, hablamos de las dificultades de la obra del puente y abordamos todos los temas del momento. Tan pronto como vi que se me presentaba una oportunidad, le pregunté por el ungüento.

—Justin, estoy asombrado por tus conocimientos. Desde que curaste al hijo de Marcel, estoy intrigado por el ungüento.

—Si necesitas la planta de la que procede, te la puedo mostrar ahora.

—Sí, claro. Estoy investigando remedios tradicionales.

Me condujo detrás de su casita y me mostró la planta.

—¿Y cómo se consigue después el ungüento?

—No estoy seguro de que puedas recordar todos los detalles. Hay que desenterrar las raíces, que son como tubérculos. Después es necesario ponerse a cubierto, en total aislamiento, al abrigo de cualquier mirada indiscreta, y comenzar a picar y mezclar hasta obtener el ungüento.

—¿Y por qué ir donde nadie te pueda ver?

—Es muy importante. Eso es parte de la eficacia. Si otra persona te ve, el proceso falla.

—Entonces, ¿es absolutamente necesario encerrarse en una letrina, por ejemplo?

—Exactamente. O lejos en el monte, por la noche.

Todo estaba tomando un cariz muy extraño. Me pregunté cómo podía el catequista integrar aquella creencia en su fe cristiana, pero no dije nada. Cuando le pregunté qué curaba realmente esa planta, me dijo vagamente que curaba fenómenos como los de Arsène.

—¿Me podría llevar un esqueje para plantarlo en casa?

—Sí, te daré un tubérculo que puedes plantar en la parroquia, si me aseguras que no lo vas a usar para ningún otro propósito.

Sin entender muy bien a lo que se refería con lo de «otro propósito», asentí. Justin me dio un tubérculo. Cuando llegué a la parroquia, lo planté enfrente de mi oficina. Así empecé a ver la planta emergiendo gradualmente de la tierra, pero un día solo encontré un hueco vacío donde antes estaba la planta. Había desaparecido. ¿Quién la habría desenterrado?

No me rendí. Volví a pedir el tubérculo al catequista y esta vez lo planté detrás del comedor, pero también desapareció misteriosamente. No volví a plantar ninguno más.

Arsène poseído: el exorcismo

Seguí adelante con mi trabajo pastoral. En esas latitudes, lo misterioso forma parte de la vida cotidiana. La vida humana es un constante ir y venir entre el mundo visible y el invisible. Ni la fe en Jesucristo ni la ciencia moderna han traspasado aún el núcleo duro de una cierta nebulosa mental de extrañas creencias formada desde la noche de los tiempos.

Empecé a leer cuidadosamente los pasajes de los Evangelios que versan sobre liberación y sanación. Fui consciente de algo que había leído siempre, pero sin detenerme en ello. Cada vez que Cristo envía a los suyos en misión, les da tres directrices: predicar el reino de Dios, expulsar demonios y sanar a los enfermos. Él mismo actuó en esa dirección. Entonces me di cuenta de que en la vida cristiana a menudo se descuidan las dimensiones de expulsar demonios y curar a los enfermos. Sospecho que muchos evangelizadores no creen en ello. Reuní un equipo de tres jóvenes comprometidos dentro del grupo de Renovación Carismática. Quería formarlos en el ministerio de liberación y sanación con instrumentos del Evangelio. Repasamos juntos los Evangelios y elaboramos un esquema para servir de guía a cualquier cristiano que se enfrentara a un fenómeno de tipo satánico o de posesión. Mi objetivo era dejar de vivir en un mundo paralelo al de mis cristianos. Estaba convencido de que, si el Evangelio realmente libera, debemos encontrar soluciones prácticas para todas las situaciones de nuestra vida.

Durante más de un año no volví a tener noticias de Arsène ni del remedio mágico de Justin. Iba regularmente a Fadama para visitar a los cristianos o para decir misa, y en esas visitas percibí un cierto ambiente de sospecha y miedo que empañaba las relaciones humanas. La gente me decía: «Fadama es un pueblo difícil», refiriéndose a la brujería.

Una mañana, después de pasar la noche escuchando a un ejército de sapos croar en el valle que hay junto a la parroquia de Bakouma, apareció una cara familiar ante mi oficina. Era un vecino que venía corriendo de Fadama. Sudaba profusamente.

—Vengo de parte del catequista Marcel, de Fadama. Su hijo está muy mal. Te he traído una carta urgente de su parte.

Leí la carta de Marcel: «Querido padre Gaétan, mi hijo está en un estado crítico. Desde ayer está impulsado por una fuerza sobrehumana. Agarra todo, desordena todo, destruye todo. Hemos intentado controlarlo durante toda la noche, pero no lo hemos conseguido. Algunos vecinos han acudido a orar, sin resultados. Incluso lo han intentado cristianos de otras iglesias. Un pastor de una secta tiene un brazo roto tras haber tratado de someterlo rezando. Mi hijo no habla, solo balbucea, emitiendo una voz que no es la suya. Le hemos dado un rosario para calmarlo y se ha comido la mitad».

A mi entender, todo sonaba a posesión diabólica. Nunca me había enfrentado directamente a eso, aparte del fenómeno de *mamiwata* que siempre huía al verme, a decir de la gente.

En la carta, Marcel también me pedía que me apresurara a realizar un exorcismo. Creía que solo mi presencia podría aliviar a su hijo. Tomé el libro sobre exorcismos del padre Gabriele Amorth, cogí un poco de agua bendita y fui a buscar a uno de los miembros de mi grupo de Renovación Carismática que también se llamaba Arsène. Montamos en mi coche y fuimos a Fadama.

Tan pronto como llegué a casa de Marcel, me encontré a medio pueblo reunido. Todos estaban asustados. Su hijo Arsène estaba sentado en el suelo, en un rincón, como un animal en posición de ataque. Tenía los ojos saltones. Me resultaba difícil reconocerle. Me miraba sin pestañear. Me explicaron que todo había empezado el día anterior en el bosque, donde el joven había ido a poner trampas para los animales. Cuando volvió ya no era el mismo.

Pedí a todos que salieran de la casa. Solo se quedaron conmigo Marcel y el joven carismático. Me acerqué despacio a Arsène.

—¿Me conoces?

—No, no te conozco.

—¿Cómo me llamo?

—No sé cómo te llamas y no te necesito.

Me hablaba en un lenguaje claro, pero con un tono de voz que no era el de Arsène, que yo conocía bien. Al mismo tiempo, me miraba a los ojos como si estuviera listo para abalanzarse sobre mí. Reconozco que sentí miedo, pero continué.

—¿Cuál es tu nombre? —le pregunté.

—No puedo decirte mi nombre.

—O me dices tu nombre o te voy a obligar a que me lo digas.

—No puedes hacer nada contra mí.

En ese momento, tomé el agua bendita que mi compañero tenía en la mano y la asperjé sobre el joven varias veces. Cada vez que el agua lo tocaba, el joven se retorcía como si estuviera quemándose. Gritaba y rodaba sobre sí mismo. Cuando dejaba de verter el agua bendita, volvía a la esquina de la habitación, en posición de ataque, como una bestia salvaje y peligrosa.

—Dime tu nombre. ¿Cómo te llamas?

—No puedo decirte mi nombre.

Volví a echarle agua bendita y de repente, agitándose fuertemente, dijo: «Mi nombre es Michel».

Al pronunciar aquel nombre, que no era el suyo, entendí en seguida que Arsène estaba habitado por otro. No había duda, me encontraba frente al demonio. Sabía, por los testimonios de otros exorcistas, que cuando el demonio menciona su nombre, es señal de debilidad por su parte. Seguí mi lucha.

—Tienes que dejar a este chico —le dije.

—No puedo salir. Me pertenece. Me ha costado muy caro.

—Si no sales, te quemaré, en el nombre de Jesucristo.

Viendo que no había cambio, impuse mis dos manos sobre la cabeza de Arsène, diciendo con fuerza: «En el nombre de Jesucristo, te ordeno que salgas de este muchacho». Arsène seguía muy agitado. Trataba de alejarme de él, pero aguanté. Seguí imponiéndole las manos sobre la cabeza. Mientras tanto, el carismático Arsène balbuceaba una canción suave en un idioma que desconocía.

—Te lo ordeno en el nombre de Jesucristo: ¡Sal de este muchacho!

—No puedo salir. He pagado mucho para poseerlo.

No entendía lo que el demonio intentaba decirme. ¿A quién había pagado por el cuerpo de Arsène? ¿Cuánto y por qué lo había pagado? No lo sabía y no había tiempo para averiguar más. Seguí insistiendo con la imposición de manos y dando órdenes en el nombre de Jesucristo. Pero no parecía cambiar la situación.

Luego tomé el libro del padre Amorth que había traído, titulado *Exorcistas y psiquiatras*. Busqué la oración llamada «Oración contra maleficios». Le di el libro abierto a mi compañero Arsène para que lo sostuviera. Con las manos siempre sobre el poseído, empecé a leer la oración con mucha fe.

Hacia la mitad de la oración, escuché la voz, que me decía con insistencia:

—Déjame en paz. Estoy de acuerdo en salir, pero no ahora. Me iré por la tarde.

—Te vas ahora.

—No, me iré por la noche. Lo prometo.

—Si no te vas ahora, te mandaré al infierno.

Seguí leyendo la oración. Hacia el final, el joven se acurrucó sobre sí mismo, volvió a abrir la boca y dijo:

—¡Ya basta, ya basta! ¡Me voy, me voy, me voy! ¡Déjame tranquilo! ¡Salgo!

De repente, el joven Arsène se recuperó. Vi que sus ojos volvían a ser normales. Parecía sorprendido por nuestra presencia. Para asegurarme de su liberación, le pregunté:

—¿Cómo te llamas?

—Arsène.

—¿Me conoces?

—Sí, eres el padre Gaétan, nuestro sacerdote.

El diablo se había ido. El chico estaba liberado. Cuando salí, evité revelar todo lo que había tenido lugar. Si la gente se enteraba del asunto «he pagado mucho», sin dudarlo señalarían con el dedo a un hechicero improvisado y lo lincharían.

Ese fue el único exorcismo en un sentido técnico que realmente realicé. Aquel día luché contra el diablo. Todos los demás fenómenos que había presenciado no tenían nada que ver con este. Los *mamiwata* o hechicerías tenían una forma completamente diferente. Creo que he estado en presencia del mismísimo diablo. Michel era el diablo en el cuerpo de Arsène.

El despertar de un *casi* muerto

El hecho que voy a narrar a continuación también tuvo lugar en Fadama. Estaba una tarde predicando en la iglesia de allí y tenía planeado hacer un viaje a la capital, Bangui, al día siguiente. Cuando estaba a punto de terminar, llegó un individuo y tocó la campana. Todos —excepto yo— entendieron que un miembro de la comunidad había muerto. ¡Yo era siempre el último en enterarme de todo! El campanero anunció que un tal Guelé acababa de fallecer. Yo no le conocía.

148

Me contaron que Guelé, un hombre de unos cincuenta años, acudía a la iglesia con asiduidad hasta el día que enfermó. Le dolía mucho la tripa. Intentaron darle un tratamiento tradicional, como suele ocurrir en los pueblos, pero como no funcionó lo llevaron al hospital de Bakouma. Un médico muy joven, recién llegado, lo trató con todos los medios a su alcance, pero no hubo resultados alentadores. La enfermedad avanzaba. Empezó a despedir tan mal olor que era casi imposible permanecer a su lado. El paciente comenzó su larga agonía. Ya no comía, ni hablaba, ni se movía. El médico, admitiendo su incapacidad para curarlo, le dio el alta para que pudiera morir en casa. Lo llevaron a su casa en Fadama.

Después de escuchar la historia de Guelé, pedí que me llevasen a casa del difunto para rezar las últimas oraciones. Cuando llegamos, vi que había mucha gente congregada fuera. Casi nadie se atrevía a entrar por el mal olor del cuerpo de Guelé. Habían quemado algún tipo de planta para disimularlo, pero seguía siendo difícil resistir aquello.

Pregunté cómo estaba la situación. Me dijeron que estaba medio muerto, es decir muerto, pero no del todo, o digamos, *casi* muerto. Para algunos estaba realmente muerto, pero para otros se estaba todavía muriendo. En todo caso, todos lo daban por perdido. Viendo la situación, decidí administrarle la unción de los enfermos.

Entré en la casa acompañado de algunos feligreses. Con cantos y oraciones, hicimos una breve ceremonia en la que le administré el sacramento. Nada más acabar, de una manera espontánea, como fruto de una intuición, dije en voz alta: «Guelé, me voy. Que Dios te bendiga». La verdad es que ya no podía más; el olor era insoportable.

Al día siguiente me fui a Bangui. Para llegar se necesitaban tres días de ida en coche, y luego hacían falta otros tres días para la vuelta. Había planeado pasar tres semanas fuera de la parroquia. A mi regreso de Bangui hice un alto en el camino en Fadama para saludar a los feligreses. No tenía intención de ir a casa de Guelé, a quien suponía ya enterrado. Me dirigí directamente a la iglesia. La gente se acercó a saludarme y se apresuraron a decirme que Guelé había resucitado.

—No entiendo. ¿De qué Guelé estáis hablando?

—De Guelé, al que le diste la extremaunción antes de irte a Bangui.

—¿El que desprendía un olor imposible?

—Sí, ese mismo. Tan pronto como saliste de la casa, abrió los ojos y se puso de pie.

—Mirad, yo soy como el Tomás del Evangelio: no creeré si no lo veo.

Hice llamar a Guélé. Ardía de impaciencia y curiosidad. ¿Qué había pasado? Poco después llegó Guelé, andando, totalmente curado.

—¿Cómo te llamas? —le pregunté, sin dar crédito a lo que veía.

—Guelé.

—¿Eres el resucitado?

—Sí, soy yo.

—Entonces cuéntame qué pasó.

Guelé me explicó que él sintió cómo se dirigía a una hermosa llanura. En el horizonte vio unas casas preciosas, como si fuera una ciudad llena de luz. Él se encontraba en un camino y quería cruzar la llanura e ir hacia las casas. Justo cuando entraba en la planicie, oyó una voz detrás de él que le llamaba por su nombre. Se dio la vuelta para ver quién le llamaba y olvidó lo que acababa de ver. Ya no podía encontrar la llanura ni las casas bonitas. En su lugar, vio a los vecinos que le rodeaban. No sabía qué hacían en su casa. Fueron ellos los que le explicaron que había muerto y que el párroco lo había devuelto a la vida.

—Te traje de vuelta a la vida, ¡yo! ¿Crees en esas cosas?

—Sí, porque todos me dicen que fue solo cuando me ungiste con el sacramento cuando volví a la vida.

—¿Crees en Jesucristo?

—Sí.

—Entonces, tienes que serle muy fiel, porque es Él quien te mantiene con vida. Yo no soy Dios. Lo tuyo ha sido un privilegio que no se tiene todos los días.

La historia de Guelé me planteó muchos interrogantes. Lo que acababa de ver no era una aparición, sino un hecho real. Así es como tuve una confirmación de que el Señor sana e incluso resucita a los muertos o moribundos. Ahora estaba seguro de eso. Definitivamente, podía entender su Palabra cuando dice: «Yo soy la resurrección y la vida».

Era la primera vez que veía algo así. Y sin embargo, años más tarde sería testigo de otros acontecimientos bastante extraordinarios que ocurrían después de administrar la unción de los enfermos.

CAPÍTULO 4

DE REBELDES, BESTIAS Y OTROS PELIGROS

Después de hablar de mis experiencias en el área de la posesión y la curación, me gustaría compartir los diversos peligros que tuve que arrostrar durante mi estancia en Bakouma. La tarea de evangelizar en ese rincón del mundo estaba tan llena de convulsiones que no pasaba una semana sin que sucediera algo inquietante. Si bien es cierto que en general me arreglé bastante bien, no es menos cierto que a menudo me moría de miedo. Eso forma parte de la vida en el África más profunda, donde el aburrimiento está naturalmente prohibido. Todo está vivo, todo está en movimiento, todo es vibrante. ¿Será ese el secreto de la atracción que ejerce el continente sobre todos los que se aventuran en él?

Mi sueño de hablar de Cristo donde nadie le conocía

Durante los primeros años de mi presencia en Bakouma, me contenté con visitar las comunidades existentes. Más adelante quise realizar el mayor sueño de mi vida: fundar una nueva comunidad cristiana, repitiendo la experiencia de los primeros misioneros, es decir, hablando de Jesucristo en lugares donde nunca nadie ha oído hablar de Él. Comenzar desde cero.

Siempre me habían fascinado los viajes misioneros de san Pablo y de otros grandes evangelizadores de la historia de la Iglesia. Quise vivir en carne propia azarosos viajes, donde solo queda la fe como último pilar cuando todo se desmorona. Y fue en 2005 cuando quise hacer realidad ese sueño en la aldea de Wanda, que ya hemos mencionado en capítulos anteriores.

Wanda estaba en mitad de la nada. En el pasado, sin embargo, la carretera principal que conectaba Bangassou con Bakouma también había llegado a Wanda, que por entonces era un pueblo bien abastecido. Los jóvenes podían ir a Bangassou o a Bakouma para vender productos del campo. El camino facilitaba el pequeño comercio y la apertura a las ciudades. En algún momento, las autoridades, sin consultar a nadie, decidieron cambiar el curso de la carretera. Bajo pretexto de un atajo, comenzaron a construir otra ruta, que resultó más difícil, llena de obstáculos naturales, y que pasaba muy lejos del antiguo camino principal. Como resultado, todos los pueblos a lo largo del camino anterior se encontraron completamente aislados, abandonados. Poco a poco, la naturaleza había hecho que la pista desapareciera casi completamente. Wanda se encontró así en el corazón de la selva y sin acceso al exterior. Ya no había manera de traer productos de fuera ni de vender los productos agrícolas de los aldeanos. Ningún vehículo se atrevía a adentrarse hasta allí. Y sin embargo, un gran número de habitantes habían permanecido en el pueblo porque no habían tenido otra opción que quedarse.

Me habían dicho que en Wanda no había ninguna iglesia católica. Nunca habían visto a un sacerdote. Por lo tanto, era una ocasión única para dar a conocer mi fe a un pueblo que no había tenido la oportunidad de oír hablar de ella. Así fue como tomé la decisión de ir a Wanda, sin saber muy bien adónde ir ni cómo llegar.

Salí en moto una mañana con un catequista llamado Andrés. Íbamos a través del bosque, sin saber si estábamos en el camino correcto, porque en algunos tramos la antigua pista había desaparecido. Acabamos llenos de rasguños debido a las espinas que asomaban entre la maleza. En un momento dado, casi me quedé suspendido de unos árboles cuando mi casco se quedó enganchado en las ramas. Después de cuarenta kilómetros, entramos en un pueblo semiderruido. Empecé a preocuparme por nuestra aventura. Me venían a la cabeza las historias de leones que se decía que vivían en aquel camino y de vez en cuando salían a la pista para divertirse o aterrorizar a los transeúntes.

—Andrés, ¿tú estás seguro de que vamos por el camino correcto?

—La última vez que pasé por aquí fue hace décadas y entonces había una carretera.

—¿Cuántos kilómetros crees que nos quedan?

—No quiero engañarte. Solo sé que Wanda está a 65 km. de Bakouma, pero a este ritmo calculo que llegaremos esta noche o tal vez mañana.

Avanzábamos muy lentamente. Cuando nos atrevíamos a acelerar, las plantas nos lastimaban. Perdí la cuenta de las veces que me golpeé con las ramas. En algún momento tuve la tentación de abandonar el proyecto y volver a la parroquia, pero inmediatamente me recordaba a mí mismo que estaba llevando a cabo la aventura misionera de mi vida.

Los cazadores de marfil

Después de unos cincuenta kilómetros, salió un hombre del bosque y nos hizo señas para que nos detuviéramos.

—Parad, parad. ¡Hay peligro! —nos dijo.

Detuve la moto.

—¿Qué pasa?

—A unos doscientos metros hay cazadores furtivos. Son sudaneses que van armados. Han levantado una barrera en un puente que hay un poco más adelante. Detienen a todos los caminantes y les roban lo que llevan: sal, azúcar, jabón o cualquier otra cosa que les pueda resultar útil.

Andrés me explicó que, en determinada época del año, había sudaneses que emprendían un peligroso viaje y se adentraban en la República Centroafricana sin visado. Recorrían cientos de kilómetros a pie o a caballo, matando elefantes para conseguir marfil. Aprovechando la ausencia casi total de los cuerpos de seguridad en esta zona del país, recorrían el nororiente sembrando la desolación a su paso. Para conseguir provisiones salían a la carretera, ponían barricadas y paraban a todos los caminantes. Cuando querían, cambiaban a la fuerza los bienes robados por carne. Irrumpían en los pueblos y se erigían en los amos. Allí descansaban un tiempo y luego volvían a desaparecer, para reaparecer a decenas de kilómetros de distancia. Durante años se habían repetido las mismas escenas y a ninguna autoridad parecía preocuparle esa violación de la integridad territorial. Esos sudaneses se comportaban como los amos de un país que conquistaban año tras año. Una vez que mataban suficientes elefantes, cargaban el marfil y se daban la vuelta, sembrando el mismo pánico que a la llegada. Más armados que la policía centroafricana y endurecidos por los numerosos conflictos de su país, casi nunca se preocupaban si se cruzaban en el camino con el ejército centroafricano.

Al parecer, en Sudán existen organizaciones criminales de tipo mafioso que reclutan a excombatientes y los envían a cazar marfil furtivamente en diversas partes de la República Centroafricana. A su regreso se les paga en función del botín. Al frente de estas bandas siempre hay hombres de negocios sin escrúpulos, oficiales de alto rango del ejército o, en cualquier caso, personas que jamás se atreverían a pasar una sola noche en la selva.

Y allí estábamos nosotros, a pocos metros de los cazadores furtivos. Andrés y yo no habíamos previsto un incidente de esa índole. Habíamos pensado llegar al pueblo de Wanda al mediodía y por eso no llevábamos nada para comer. De pronto nos encontramos en medio del bosque, sin poder avanzar ni retroceder.

—¿Y ahora qué hacemos?

—No sé. Podríamos escondernos en los matorrales un rato y esperar a ver qué pasa.

—¿Y si nos escondemos y nos pillan? Igual nos arriesgamos a que nos confundan con enemigos y nos maten.

—Es cierto. En ese caso, tenemos que volver.

—¿Volver a Bakouma? ¡Ni hablar!

—También podemos volver al pueblo que estaba en ruinas. Está a unos diez kilómetros. Allí podemos refugiarnos y aguardar los acontecimientos para tomar la decisión adecuada.

Nos dimos la vuelta. Una vez más, nos deslizamos entre lianas y espinos. Tenía la sensación de estar a un paso del fracaso. Me preguntaba cómo se las habían arreglado los primeros misioneros, con menos recursos y más hostilidad. ¿Cómo habían logrado desafiar la barrera del idioma, los bosques inexplorados, el barro, las lluvias, las enfermedades, y muchos más inconvenientes?

En aquel pueblo todavía quedaban algunos aldeanos. Encontramos a una anciana acostada en su cabaña, incapaz de moverse. Nos explicó que sus hijos habían abandonado el pueblo para irse a vivir a otro. De vez en cuando le traían algo de comer y a duras penas iba sobreviviendo. Al no poder moverse no podía ir a buscar agua, ni recoger leña, ni cocinar. Fue ella quien nos reveló el nombre del pueblo, Bakaikpa, que significa «madera dura». Le di una pequeña cantidad de dinero y prometí enviarle comida cuando regresara a Bakouma. Valorando bien las cosas, tenía la sensación de haber realizado un gesto misionero a falta de algo mejor.

Lo más urgente era encontrar algo para comer. Le pedí a Andrés que buscase para ver si había algún sitio donde comprar comida. Mientras tanto, abrí mi teléfono satélite —que llevaba siempre en los viajes peligrosos— y envié un mensaje escrito al alcalde de Bakouma. En él le decía: «Estoy en Bakaikpa. Hay cazadores furtivos frente a nosotros, a unos diez kilómetros de distancia».

El alcalde, en lugar de informar personalmente a la gendarmería, cometió el error de enviar a un joven con un mensaje oral. El muchacho lo transformó todo en el camino y transmitió el siguiente mensaje: «El párroco ha caído en manos de cazadores furtivos en Bakaikpa».

Los gendarmes salieron inmediatamente, olvidando que hacía tiempo que la carretera había dejado de existir. Los vecinos de Bakouma afilaron lanzas y flechas, listos para la batalla contra los sudaneses, armados con Kalashnikovs. Todos querían liberar al sacerdote, costara lo que costara. En un abrir y cerrar de ojos me convertí en la estrella del día.

Afortunadamente, antes de que se tomara una decisión precipitada, el propio alcalde acudió a la gendarmería con el mensaje original. Todos recuperaron la calma al enterarse de que el cura no estaba en manos de los cazadores furtivos. Así es como del mensaje escrito al oral podemos caer en errores de consecuencias incalculables, pero aquel gesto me sirvió para comprobar que la gente apreciaba mi presencia en Bakouma, como me demostraría también en otras ocasiones.

El sacerdote necesita comer y beber como los demás

Tras una larga ausencia deambulando por el pueblo, Andrés regresó con un pollo pequeño. Más bien, minúsculo, algo ridículo que te comerías con remordimiento. Me explicó que lo acababa de comprar por el precio de un gallo grande. Los pocos habitantes que quedaban, duros como la madera, hacían honor al nombre de su pueblo. Incluso creo que desconfiaban de nosotros. ¿Creerían que también éramos cazadores furtivos?

Una vez que habíamos conseguido el pollo, quedaba el problema de cómo prepararlo. No había nada con qué cocinar: ni fuego, ni aceite, ni siquiera un cuchillo para cortar la carne. Andrés volvió a recorrer el pueblo en busca de ayuda. La primera mujer con la que se topó le dijo que no sabía cocinar pollo. La segunda le dijo que sabía cocinar pollo, pero que no tenía aceite y no había forma de encontrarla en el pueblo. Andrés comprendió inmediatamente que nadie nos quería allí. Teníamos que marcharnos. ¿Y si una tercera mujer decidía denunciarnos como cazadores furtivos?

De momento desistimos de la idea de comer, enganchamos el pollo a la moto para llevarlo a Wanda y retomamos el camino, no sin antes despedirnos de la anciana enferma, que había sido mucho más amable con nosotros que los demás.

Al llegar al puente donde por la mañana estaban los sudaneses, aceleré. Mi idea era ir a toda máquina, aunque me pidieran que parase. Afortunadamente no pasó nada. No vimos a nadie. La carretera estaba despejada. Los cazadores furtivos se habían ido. Tuvimos suerte.

Llegamos a Wanda al caer la noche. Habíamos dedicado un día entero, sin beber ni comer nada, para cubrir una distancia de 65 kilómetros. Pero aparte de unos cuantos rasguños, habíamos llegado bien a nuestro destino. Nos estaban esperando. Se habían enterado de que un sacerdote católico venía al pueblo, pero no sabían cómo se recibía a un sacerdote. ¿El sacerdote comía como los demás? ¿Bebía agua? ¿Podía dormir en una cabaña de paja? ¿Se le abrazaba? ¿Se le daba la mano? Nadie sabía si el sacerdote era un ser humano o una criatura semidivina.

Obligados por su sentido de la hospitalidad, los líderes de la aldea pidieron a una familia que dejara su casa al sacerdote y su asistente. Tomando la petición al pie de la letra, salieron de la casa para ir a dormir a otro lugar. Cuando llegamos, nos mostraron una casa completamente vacía. Andrés y yo nos instalamos. No vino nadie a visitarnos para que le contáramos nuestro proyecto ni tampoco a ponernos al día sobre la vida del pueblo, algo que era habitual cada vez que llegábamos a un sitio. Estábamos sucios del camino y teníamos un hambre voraz. No sabíamos si alguien nos daría de comer y beber, o si al menos nos mostrarían dónde estaba el pozo.

Yo, que odio perder mi dignidad, iba a tener que mendigar a aldeanos desconocidos para obtener algo de comida. De repente, me acordé del pollo que teníamos en la moto. Gracias a la habilidad de Andrés, una señora accedió a preparárnoslo. Después de saciar el hambre, cada uno se fue a su camastro. Una estera hecha de enredaderas secas hacía las veces de colchón.

No pude pegar ojo en toda la noche. Los mosquitos debían haber notado la presencia de sangre nueva en el pueblo. Estos insectos execrables no se contentan solo con picarle a uno, sino que también se encargan de intercambiar la sangre de las diferentes víctimas, inoculándolas con malaria en el proceso. Pasé la noche luchando entre el sueño y estos pequeños bichos intratables que viven de la sangre de las personas. Hasta llegué a preguntarme por qué Dios había creado a esos seres. Una vez más, me sentía parte de una cadena alimentaria. Mi primera noche fue una mezcla de picaduras de mosquitos e ilusiones confusas sobre la evangelización que había planeado llevar hasta allí.

El polígamo convertido

Al día siguiente, sin café, sin té y sin nada, empezamos a visitar, una a una, todas las viviendas. Nuestro proyecto era sencillo: hablar de Jesucristo, de la Iglesia católica, e invitar a misa a quienes quisieran. Aquellos que nunca han evangelizado por primera vez pueden pensar que es una tarea fácil. Todos nos recibían con amabilidad, pero nadie nos confirmaba su asistencia a la misa. Algunos nos contaron que habían recibido el bautismo en una iglesia protestante de Bakouma, una rama disidente de los baptistas de origen americano. Otros nos aseguraron que lo pensarían, pero no era más que una forma educada de mantenernos alejados de su casa.

Después de dos días de recorrer el pueblo puerta a puerta, conocíamos a casi todos los residentes. Por la tarde organizamos una misa en un cobertizo abandonado en medio del pueblo. Solo cuatro personas respondieron a nuestra convocatoria. Ninguno de los cuatro sabía hacer la señal de la cruz. Nadie se sabía las canciones, ni las expresiones que utilizábamos en misa. A aquel público curioso, seguramente les parecía que era una especie de función religiosa. Evidentemente, nadie comulgó. Me di cuenta de que habría que explicar todo paso a paso, empezando por los principios más básicos de nuestra fe, esos que damos por hecho que todo el mundo entiende.

Al final de la misa improvisé una reunión para organizar la nueva comunidad, conocernos y conocer sus impresiones. Lo que me contaron no fue muy alentador. De las cuatro personas, había una mujer que afirmaba haber sido bautizada en la Iglesia católica en una parroquia lejana cuando era pequeña, pero había perdido la práctica y las costumbres hacía mucho tiempo. Uno de los hombres, el más joven, dijo que había sido bautizado como protestante. Su deseo era ser catequista, pero para eso primero debía ser catecúmeno. Había otro señor, pagano, marido de tres esposas y padre de un buen número de hijos con cada una de las esposas. Le expliqué que, antes de recibir el bautismo, primero tendría que resolver los problemas de su hogar.

—¿Qué problemas?

—El hecho de que tengas tres esposas.

—Sí, tengo tres esposas, ¿y qué? No tengo ningún problema con ellas.

—El Evangelio pide que puedas elegir una de ellas y dejar libres a las demás.

—Padre, tengo tres hijos con la primera, dos con la segunda y dos con la tercera. En tu opinión, ¿a cuál debo elegir y a cuáles despedir?

—¡No soy yo quien te puede decir cuál te gusta más!

—Si he pasado tantos años con las tres es porque las quiero a todas. Tú, que también eres hombre, dime, ¿cómo debo elegir?

Inmediatamente comprendí que quería llevarme a un terreno difícil. Era consciente de lo que establece el Derecho Canónico en relación con el matrimonio polígamo, como en tantas otras cuestiones que representan un problema en determinadas culturas africanas. La poligamia es realmente una dificultad en ciertas áreas, donde está profundamente arraigada en la mentalidad y en la práctica cotidiana.

En algunas culturas polígamas muy organizadas, la familia suele elegir a la primera esposa del joven después de la adolescencia. Según la costumbre, un bien ofrecido por los padres nunca puede ser rechazado. El joven se encuentra así con una mujer que no ha elegido, pero a la que está obligado a mantener y amar. Ella siempre será vista como la más importante y respetada como tal. Cuando el joven crezca, podrá elegir una segunda esposa de su agrado. Como no puede desprenderse del primer regalo que le dieron sus padres, se vuelve, de hecho, polígamo. Estas situaciones son muy comunes. Generalmente, la segunda esposa respeta a la primera y esta acoge maternalmente a la nueva. Una vez que un hombre es bígamo, tiene rienda suelta para aumentar aún más el número de sus esposas.

En la República Centroafricana, la Constitución autoriza la poligamia. Un hombre puede tener hasta cuatro esposas legítimas. Basta con informar al Ayuntamiento durante el primer matrimonio civil de que la familia podrá aceptar a otras mujeres. Frente a la primera esposa, se escucha a menudo al marido declarar oficialmente que prefiere la poligamia. Esto es difícil de aceptar en una mentalidad monógama. En otras culturas, es la primera esposa quien elige a la segunda para su marido, para asegurarse de que esta no perturbará la estabilidad del hogar.

La poligamia tiene muchas implicaciones en la sociedad. Pedirle a un polígamo que se quede con una sola esposa es pedirle que abandone a los hijos nacidos de la segunda o tercera esposa. Pero en una sociedad responsable, eso es intolerable. Además, si la mujer se marcha con varios hijos, tendrá dificultades para encontrar otro marido. Y la mujer puede preguntarle al marido que la abandona por qué está condenada a vivir en adelante el celibato.

La mayoría de los polígamos a los que acompañé en la preparación para el bautismo me explicaban todas estas cuestiones, pero no avanzábamos demasiado. Eran de difícil solución. Parecía más sencillo concienciar a las personas solteras para que no siguieran ese camino que deshacer familias y crear dramas donde hasta entonces no los había. En muchas culturas, la construcción social se basa en el hombre. Una vez que una mujer es separada de su marido, queda excluida, abandonada a su suerte, sin medios de subsistencia y sin protección social.

Mi primera comunidad cristiana la fundé lo mejor que pude. El responsable era un pagano y el catequista, un exprotestante que aún no era católico. Confié más en la fuerza del Espíritu Santo que en las capacidades reales de este núcleo. Incluso hubo momentos en los que me pregunté si debería abandonar el proyecto. Entendí a los pastores que prefieren cuidar los rebaños recibidos de otros en lugar de crear comunidades nuevas.

El regreso a Bakouma fue menos peligroso que el viaje de ida, pero sentía sobre mis hombros la responsabilidad de aquella comunidad tan frágil.

El encuentro que abrió la carretera de Wanda veinte años después

Volví varias veces a Wanda para mantener vivo aquel pequeño núcleo que había podido establecer. Se necesitaba mucho espíritu de sacrificio para cruzar el bosque para visitar a solo cuatro personas... Sin embargo, a pesar de los esfuerzos de evangelización, el grupo no creció. Las visitas puerta a puerta y las diversas enseñanzas no dieron los resultados esperados. Durante cuatro años de trabajo, no se había administrado ningún nuevo sacramento y no había catecúmenos en la lista. Tenía la sensación de un trabajo estéril. Y me hacía siempre la misma pregunta: ¿cómo habían logrado los misioneros convertir a los africanos al cristianismo?

A finales de 2009, como por intuición, decidí ir a Wanda en coche, algo insensato a ojos de muchos. Era una utopía tanto para mí como para los habitantes del pueblo, que hacía más de veinte años que no habían visto un coche en la zona. La carretera era intransitable para un vehículo de cuatro ruedas. Sin embargo, la idea de ir en coche acabó por convencerme. Envié una carta a los jefes de la aldea. Les sugerí despejar el camino con machetes desde su pueblo, y yo haría lo mismo desde el otro lado. Nos encontraríamos a mitad del camino y el coche llegaría al pueblo el 28 de diciembre.

Los habitantes de Wanda pusieron manos a la obra en un trabajo colectivo. Evidentemente lo que más les interesaba no era mi llegada al pueblo, sino que los niños pequeños pudieran ver un coche. Todos —protestantes, paganos, católicos y otros— se pusieron a trabajar. Sobre ese punto sí hubo unanimidad. Había tocado una fibra sensible sin darme cuenta.

El día señalado, cogí el coche con una docena de jóvenes fuertes provistos de machetes y hachas. Nuestro objetivo era llegar a Wanda en coche al final del día. Nos levantamos muy temprano y estuvimos todo el día cortando y abriendo camino. Cuando el coche tenía un pinchazo por las piedras o trozos de madera punzantes, lo reparábamos. Alrededor de las tres escuchamos gritos desde el otro lado. Eran los residentes de Wanda, que se acercaban a nosotros trabajando.

Tuvimos éxito. Los dos grupos se encontraron. A la caída de la noche, después de veinte años de aislamiento, el coche hizo su entrada triunfal en el pueblo. Los niños, nada más oír el ruido del motor, huyeron rápidamente hacia los cafetales, los plataneros y los bambúes. Todo el pueblo estaba alborotado. Fuimos recibidos como héroes. En la mente de la gente, la aldea renacía a la luz. En cuanto a mí, no comprendería el verdadero impacto hasta un poco más adelante.

A los pocos días decidí regresar al pueblo con la idea de enseñar el Credo a mis cuatro cristianos. Grande fue mi asombro al ver que, en lugar de cuatro personas, el primer día había unas veinte. El segundo día, eran más de cincuenta. Al tercer día eran unos ochenta. El último día, más de un centenar de personas participaron en la misa de clausura. Estaba completamente abrumado. ¿Qué había pasado? ¿Por qué ese acercamiento? Sin ninguna duda, mi idea de sacarlos del aislamiento había surtido el efecto de una bomba. Me había convertido en alguien digno de confianza, alguien útil. Ahora todos querían escuchar mis enseñanzas. Sin embargo, cuando al final de la misa traté de averiguar quién quería unirse oficialmente a la Iglesia católica, la decepción fue total. Nadie se apuntó, de manera que me quedé con los cuatro del primer día.

A pesar de que no querían unirse a mi Iglesia, el día de mi partida recibí regalos de casi todos en forma de productos del campo: maíz, batatas, plátanos, piñas, cacahuetes, etc. Todo el pueblo se reunió para decirme adiós. Conservo esa escena en mi interior con mucha emoción.

Los rebeldes de Joseph Kony

La zona de Bakouma estaba plagada de peligros. También había salteadores de caminos, aunque durante los primeros años de mi estancia siempre pasé sin verlos. Quizá fuera, como me decía la gente, porque por superstición tenían miedo de atacar a un sacerdote o porque no veían ninguna razón para molestarme.

Años más tarde, fueron los rebeldes del LRA de Joseph Kony los que se adueñaron de los caminos. La historia de Kony es tan curiosa como dramática. De origen ugandés, logró movilizar a todo un ejército de jóvenes y adolescentes contra el presidente Yoweri Museveni, de 1986 en adelante. Luchó durante mucho tiempo en el norte de Uganda contra el ejército regular. Mientras tanto, aumentaban los abusos de sus tropas, abusos que incluían el secuestro de niños para convertirlos en soldados, o en objetos sexuales para él y sus soldados. Explicaba a sus discípulos que quería limpiar Uganda de la impiedad y establecer un gobierno cuya constitución se inspirara en los diez mandamientos de la Biblia. Por eso su movimiento se llamó Ejército de Resistencia del Señor (*Lord Resistance Army* — LRA). Después de varios años de lucha, como no podía hacer frente a las tropas regulares ugandesas, tomó a su grupo y cruzó la frontera sin abandonar ni sus armas ni sus siniestros métodos.

En la República Democrática del Congo siguió su trabajo sucio de secuestrar niños, violar mujeres y quemar aldeas. Los estragos que causaba a su paso empujaron a los habitantes del noreste del Congo a exiliarse a la República Centroafricana. Presionado por el gobierno de Uganda y perseguido por el ejército congoleño, Joseph Kony atravesó el parque natural de Garamba sembrando la muerte a su paso y, sin autorización alguna, cruzó la frontera de la República Centroafricana y se instaló en las regiones menos pobladas del este. Finalmente había encontrado un país desorganizado donde nadie lo molestaría. Pensó que podría actuar impunemente sin que nadie osara pararle los pies. De hecho, siguió multiplicando daños y horrores, regresando siempre a su guarida como un león al que ningún depredador se atreve a atacar.

En Bakouma estábamos más o menos tranquilos, ya que pensábamos que se encontraba muy lejos. Para llegar hasta nosotros habría tenido que atravesar una selva muy extensa, que creíamos intransitable. Pero habíamos calculado mal. Después de haber devastado los pueblos del este del país, decidió atacar localidades de la zona de Bakouma.

Una mañana me enteré de que sus secuaces habían irrumpido en la localidad de Nzako, atacando el mercado y saqueando todas las tiendas. Para llevarse todo lo robado tomaron como rehenes a cientos de aldeanos, incluidos algunos de mis feligreses, y los obligaron a transportar el botín. Cargaron sacos de harina sobre la cabeza de algunos y a otros les ataron sacos de sal a la espalda. Luego los arrastraron hacia el bosque, utilizando porras e insultos como en los tiempos de la esclavitud. Cincuenta kilos para unos, sesenta kilos para otros... Aquellos pacíficos civiles se vieron repentinamente secuestrados en su propio país por los rebeldes extranjeros del tristemente célebre Kony. Cualquiera que mostrara signos de fatiga o debilidad era asesinado o abandonado en medio de la selva. Algunos de los que habían sido secuestrados regresaron a Nzako al cabo de varias semanas, pero otros, sobre todo los más jóvenes, nunca volvieron.

Aquel día se llevaron también a una señora a la que yo había bautizado pocos días antes. La pobre mujer se cansó pronto de caminar. Se le hincharon los pies de tal manera que no podía avanzar al ritmo de los demás, y menos con la carga que llevaba sobre los hombros. Se cayó al suelo. El comandante de los rebeldes ordenó a su subalterno tomar la carga y matar a la señora. El soldado se disponía a disparar cuando de repente vio la cruz que pendía del pecho de la rehén. Afectado por no se sabe qué sentimiento de compasión o de superstición, se detuvo un instante y le dijo a la señora: «Yo no mato a los cristianos». La dejó allí, cogió la carga y siguió al resto del grupo.

La señora pasó ese día y la noche siguiente en la selva sin comer ni beber nada, y sin saber a qué distancia se encontraba del pueblo más cercano. Durante todo ese tiempo no dejó de implorar la misericordia de Dios. Un ciudadano *fulani*, una tribu que vive en la selva cuidando vacas, pasó por allí y la recogió. Después de peripecias indescriptibles, aquella mujer consiguió llegar al hospital de Bakouma, donde fui a visitarla. Fue allí donde me contó esta historia, convencida que había sido la cruz que yo le había impuesto el día de su bautismo la que la había salvado la vida.

Durante varios años, Joseph Kony reinó en nuestra región sin que nadie lograra derrotarlo. Sus hombres sembraban el terror en los pueblos y regresaban al bosque con el botín y los rehenes. Por mi parte, sabiendo que podían atacar la parroquia en cualquier momento, hice construir una escalera y la coloqué al lado de mi cama. Encima de la cama, en el techo, había hecho un agujero bastante grande. Mi idea era acceder por la escalera al techo y, arrastrándome, salir por una ventanita que solo yo conocía al final del largo edificio. Desde ahí podía saltar y desaparecer entre los matorrales. Mi altura y peso no me habrían impedido poner en práctica ese plan, aunque requería mucha elasticidad. ¿No dicen que nunca sabes lo fuerte que eres hasta que un día ser fuerte es la única opción?

Si me asaltaban durante el día, tenía otro plan: ofrecerles un café para calmar los ánimos y contar con mi fe, que nunca me defrauda. Afortunadamente, a pesar de las diversas visitas de los rebeldes a las zonas circundantes, durante mi estancia allí nunca llegaron al centro de Bakouma.

A partir de 2010, otro grupo rebelde, en este caso musulmán, se instaló en la zona. Nos habíamos convertido en un lugar atrayente a causa de un gobierno que no se molestaba en garantizar la seguridad en la región. Estos rebeldes actuaban como sus predecesores: deambulaban por el bosque en la parte norte de la parroquia, y de vez en cuando se acercaban a la carretera para robar a los viajeros. Otras veces aparecían en la zona de las minas de diamantes en busca de comida. Su líder se llamaba Mahmat Sallet. Nunca lo vi y tampoco supe quién estaba detrás de él o lo que quería.

Un español tras la línea roja

Mi historia con los rebeldes fue como el juego del gato y el ratón. Pululaban por toda la zona, pero nunca me topé con ellos cara a cara. Sí podía, en cambio, ver los daños que provocaban y atender a sus víctimas.

En una ocasión fui a dejar en Nzako a un cooperante español llamado Antonio. Su misión era hacer una instalación eléctrica para el quirófano que la diócesis acababa de construir para la población. Más concretamente, Antonio tenía que conectar el gran grupo electrógeno procedente de España al edificio, y hacer todo lo necesario para que funcionara. Como el trabajo requería su tiempo, Antonio se vio obligado a quedarse en la comunidad cristiana para realizar su tarea. Por ese motivo, lo dejé allí y regresé a Bakouma, con la firme promesa de volver a recogerlo una semana después, cuando él tenía reservado el avión para volver. Antonio quedó al cuidado de los cristianos de Nzako. Todos los días el consejo le llevaba comida, igual que hacían cuando había un sacerdote presente. Por la noche, un miembro de la comunidad calentaba agua en un balde para que se duchara.

Una semana después, partí hacia Nzako con mi camioneta llena de cosas, como de costumbre. Calculaba que el viaje me llevaría unas tres horas, siempre y cuando no hubiera obstáculos especiales en el camino. Lo conocía bastante bien, gracias a los años en la zona, y una vez aprendida la lección después de las diversas experiencias de torpeza que tuve que superar al principio.

Mientras iba hacia Nzako me enteré de que los rebeldes habían bloqueado la carretera. Nadie supo decirme exactamente dónde, pero estaba en un serio dilema. Por una parte, lo más razonable parecía dar la vuelta y posponer el viaje, pero por otro lado, ¿qué iba a pasar con Antonio? Decidí continuar tomando mis precauciones.

Después de dos horas, llegué al pueblo de Kono, que el lector ya conoce por la historia del mono que tenía aterrorizados a los vecinos. Enseguida me dijeron que los rebeldes estaban cerca y que era una locura continuar.

—¿Cómo de cerca?

—Han levantado una barrera entre Kono y Nzako, a cinco kilómetros. Están parando a todos los viajeros para robarles y a algunos les pegan. Son los hombres de Mahmat Sallet.

¿Qué podía hacer? Estuve dándole vueltas durante un rato, pero ya fuera por locura o por mi sentido de la aventura, o por ambas cosas a la vez, decidí continuar, aunque eso significara encontrarme con los rebeldes musulmanes. Cuando salí a la carretera nuevamente, no paraba de hacerme preguntas:

¿Qué actitud adoptaría si me pillaban? ¿Qué haría si me querían quitar la camioneta? ¿Y si me arrastraban al bosque como a un cautivo? Francamente, no sabía lo que haría, pero mi única obsesión era llevar a Antonio de vuelta a Bakouma ese mismo día.

Poco después llegué al punto donde los rebeldes habían cortado la carretera, pero ya no estaban. ¡Se habían marchado! No quedaba nadie. Dios, que velaba por mí, había manifestado una vez más su mano poderosa. ¿Es posible que pensaran que mi presencia podía ser un mal augurio para ellos? Sin que yo fuera consciente, ¿me habría protegido mi reputación de gran sacerdote «hechicero», poseedor del más grande Espíritu (el Espíritu Santo, por supuesto)?

Llegué a Nzako hacia las once de la mañana. Antonio había recibido noticias de la proximidad de los rebeldes y se había sentido atrapado en medio del peligro. ¡Qué grande fue su alegría al verme aparecer! Rápidamente metió su equipaje en el coche y se subió, deseando salir de allí cuanto antes. Pero yo tenía una serie de tareas que realizar antes de iniciar el regreso. El sacerdote nunca viaja con una sola misión, especialmente cuando visita a sus feligreses. Me tomé mi tiempo para hacer mi trabajo pastoral. Mientras tanto, Antonio se ponía malo pensando en las noticias que salen a veces en televisión sobre peligrosos yihadistas que toman rehenes blancos para exigir un rescate. Fue imposible hacerle comprender que los nuestros solían ser un poco más humanos que los de otras tierras. ¿Más humanos? Digamos, ¡menos temibles!

Por la tarde, después de haber comido lo que nos habían preparado, partimos. Antonio pudo regresar a la capital, Bangui, para coger su avión. Antes de marcharse me pidió encarecidamente que no contara este episodio a su madre en

España, porque de lo contrario ella no le permitiría viajar nunca más a África ni a ninguna otra parte del mundo. He cumplido mi palabra hasta este momento.

Un episodio de desinformación que me hizo famoso en todo el país

Lo que voy a contar ahora causó un gran revuelo en todo el país. Ocurrió en la localidad de Zabe, situada a algo más de 75 km. al oeste de Bakouma. Zabe contaba con unos 200 habitantes. Fui allí como parte de mi visita pastoral para hablar con unos y otros, organizar las comunidades cristianas de la zona, administrar sacramentos, hablar temas de desarrollo, etc. Hacía ya tiempo que me había convertido en un cura multifunción. Desde que llegué a Bakouma, me fui transformando progresivamente en abogado, juez, mediador familiar, conductor, banquero, constructor, arquitecto, ingeniero, fontanero, mecánico, farmacéutico, y todo lo que hiciera falta.

Ese día desarrollé mi labor con toda normalidad y al caer la noche me retiré a la cabaña que los cristianos me habían preparado, después de ducharme con un balde en una letrina. Tuve la desgracia de meter la pierna entre la madera que separa las heces del resto de la cabaña, cubierta de paja. Como este tipo de incidente no es raro, no se lo conté a nadie para no avergonzar a quienes tan generosamente me habían acogido. Me llmpié a conciencia y continué como si no hubiera pasado nada.

La parlamentaria de Bakouma, que normalmente residía en Bangui, había llegado a Zabe un rato antes para pasar la noche y movilizar a sus seguidores.

Antes de acostarme, una vecina vino a alertarme de la presencia de rebeldes en los alrededores. Venían hacia Zabe. Los hombres cogieron sus escopetas de caza y sus garrotes para ir a tenderles una emboscada. Si se desataba un enfrentamiento, como se esperaba, la situación podía desencadenar un drama, porque los hombres de Zabe, improvisados soldados, no habían recibido entrenamiento de ninguna clase, mientras que los rebeldes eran guerreros bien armados y acostumbrados a matar.

Por mi parte, llevé rápidamente mi camioneta por detrás del pueblo hacia una arboleda, y la cubrí con ramas para que no llamara la atención. No me sentía excesivamente traumatizado; confiaba en que todo acabaría relativamente bien. Decidí volver a la cama, aunque pedí que me despertaran si había algún peligro inminente.

Caí en un sueño profundo, confiado en la Providencia. A día de hoy me pregunto si esa insensibilidad no fue producto de una idiotez o al menos de una cierta ingenuidad. ¿Quién en su sano juicio se va a dormir en una situación así?

En medio de la noche, el hijo adolescente de la familia que me había acogido me despertó.

—Padre, tenemos que marcharnos.

Me levanté apresuradamente de la cama y en un momento estaba fuera. Los atacantes habían logrado sortear la emboscada y se encontraban en el otro extremo del pueblo saqueando un quiosco. Los jóvenes del pueblo estaban valorando la posibilidad de disparar contra el quiosco, incluso si eso significaba matar a unos cuantos inocentes. Consideraban que era preferible eliminar a los rebeldes y a unas pocas personas antes que retrasar las cosas y poner en peligro a toda la aldea.

Me pidieron que me alejara lo más rápido posible antes de que comenzara el tiroteo. Acompañado por dos jóvenes, salí del pueblo y me metí en el bosque. Cuando estábamos a unos kilómetros de distancia escuchamos los primeros disparos. Después de más de dos horas de marcha, llegamos a una zona donde los aldeanos tenían sus huertos. Allí nos detuvimos. Estábamos en la más completa oscuridad, sin linternas. Nos sentamos en el suelo, debajo de un árbol, esperando a que terminara aquella larga noche.

Al día siguiente regresamos a Zabe. Afortunadamente, todo estaba tranquilo. Los rebeldes habían cruzado el pueblo sin más incidentes y habían ido a reunirse con sus compañeros a otro lugar. No hubo enfrentamientos. Los disparos que oímos habían sido realizados al aire cuando los rebeldes ya habían abandonado el lugar.

La diputada, presa del pánico, había abandonado Zabe apresuradamente, llevándose consigo rumores de todo tipo. Cuando llegó a Bakouma, dijo que yo había caído en manos de los rebeldes y que me habían llevado por la fuerza al bosque. La noticia cayó como una bomba y se extendió por todo el país. Las religiosas de Bakouma no podían contactar conmigo y en el obispado de Bangassou nadie sabía qué hacer. Las llamadas a Bangui se multiplicaron, pero no había manera de comunicar con el pueblo de Zabe.

Aislado de toda comunicación, yo continué mi recorrido sin ninguna preocupación. Estaba lejos de sospechar la confusión que se había generado en torno a mi posible secuestro por parte de los rebeldes. La única forma de contactar con Bakouma habría sido enviar a alguien en bicicleta, pero como yo no estaba al tanto de lo que se decía, ni siquiera me planteé esa opción.

Cuatro días más tarde regresé a Bakouma. Me quedé atónito al ver la reacción de la gente, que llevaba días angustiada por mi desgracia. En realidad, no fue más que otro episodio de desinformación en un lugar donde, por desgracia, el peligro nunca estaba lejos.

Enemigo público

En 2006 llegó a Bakouma la noticia de que el presidente de la República, el general François Bozizé, se disponía a visitar la ciudad para inaugurar una explotación de uranio a pocos kilómetros de la zona. La empresa sudafricana, que luego sería comprada por la francesa AREVA, había comenzado a reclutar gente y a hacer prospecciones. Todo el mundo quería que saliera bien este megaproyecto, que daría empleo a los jóvenes de la zona y enriquecería la región.

Recibir al presidente requería una serie de preparativos y una atención meticulosa a los detalles. Además, había que alojar a toda la delegación gubernamental en una zona en la que no había hoteles ni otros lugares dignos de tan altas personalidades. El Ayuntamiento me pidió que me encargara de recibir a algunos ministros, pero no solo eso, sino que además debía recibir al presidente en un edificio que pertenecía a un antiguo ministro y que gestionaba yo. Acepté inmediatamente los dos servicios solicitados. Me puse manos a la obra para preparar las habitaciones y, sobre todo, para acondicionar el edificio donde el presidente iba a descansar y desayunar.

Mientras tanto, los preparativos en los barrios habían alcanzado un nivel increíble, con desfiles de mujeres, jóvenes, niños, grupos y demás. Toda Bakouma debía movilizarse para demostrar al presidente, del que solo conocían el nombre, que le amaban infinitamente, y que con sus oraciones, Dios le mantendría al frente del país por toda la eternidad. Estas cosas ocurren a menudo en África.

El ministro que vino con una semana de antelación para preparar el evento pasaba días bebiendo vino traído directamente de la capital y hablando del presidente como si de un mesías se tratara. En todos sus encuentros con los distintos sectores de la población describía al presidente como un regalo de Dios enviado a la tierra de Centroáfrica para salvar a los pobres machacados por la historia. Solamente él tenía la llave de la fortuna y la felicidad y por eso merecía mucho amor y respeto.

En esta locura general, los miembros de la Legión de María, un grupo parroquial que se encargaba de la oración y de diversos servicios relacionados con la parroquia, vinieron a verme para pedirme que organizara un desfile con trajes de la Legión de María, pero cantando alabanzas al presidente. La mayoría de los miembros del grupo eran mujeres. Me negué rotundamente. Me resultaba incomprensible que un grupo estrictamente parroquial rebasara los límites de su misión para involucrarse en el folclore político. Les sugerí que participaran en los desfiles de los grupos civiles de sus barrios, evitando que tuvieran connotaciones religiosas. Lo que yo no sabía era que les habían dicho que desfilarían mujeres de iglesias protestantes. Se trataba, pues, de una cuestión de rivalidad y ostentación. A pesar de la insistencia y de las diversas presiones, me mantuve firme: no era conveniente mezclar cosas incompatibles. Por otra parte, permití la participación de las cooperativas parroquiales de desarrollo y de los alumnos de nuestras escuelas.

Unos días antes del evento, comenzaron a llegar ministros para ultimar los preparativos. Día tras día me escandalizaban los discursos llenos de elogios, rayando en el servilismo, de algunas de las altas personalidades del país. Los aplausos que los acompañaban no hacían sino subrayar la aprobación popular, y los ministros seguían delirando hasta quedarse sin aliento.

El presidente llegó en avión y aterrizó en una pista de tierra laterítica. Desayunó en la casa que le había preparado, como estaba previsto. Después visitó el yacimiento de uranio y pronunció un discurso ante un pueblo completamente hipnotizado. Se realizaron los desfiles y todo terminó en paz. Algunos días después, un notable de la localidad vino a verme visiblemente preocupado. Al parecer, la diputada de nuestra circunscripción había declarado en la Radio Nacional, la única radio que se escuchaba en todo el país, que el cura de Bakouma había estropeado la acogida del presidente al impedir que los católicos participaran en la fiesta. Era una acusación grave. La diputada había inflado mi prohibición a las legionarias de María de participar en el desfile con sus uniformes distintivos. De la noche a la mañana, me había convertido en enemigo del presidente de la República y, como en estos países el presidente se confunde con la República entera, me había convertido también en enemigo de la República. En definitiva, un hombre a abatir.

—Padre, el asunto es serio. Convertirse en enemigo de la República significa que cualquiera puede apedrearle en la calle. En su lugar yo tendría mucho cuidado.

A partir de ese momento la noticia se volvió viral. Todo el mundo hablaba del sacerdote de Bakouma que se había atrevido a desafiar al presidente. Peor aún, ese sacerdote no era centroafricano, sino un refugiado ordenado sacerdote en un país de acogida.

Comencé a recibir mensajes de amigos y conocidos, tanto de Bangassou como de Bangui, expresando su preocupación.

Se había difundido la noticia de mi rebelión contra el jefe del Estado. ¿Y si la gente solo estaba exagerando el contenido de la noticia? ¿Y si el presidente ni siquiera había sido informado y todo era especulación y mala fe por parte de la diputada? En cualquier caso, yo no recibí amenazas por parte de nadie.

Mientras tanto, en la región de Bakouma comenzaron a alzarse voces que decían que, en respuesta a esa acusación, yo amenazaba con bloquear todos los proyectos de desarrollo y promoción humana que había iniciado. Los profesores de primaria creían que dejaría de darles el dinero mensual que había podido negociar con la empresa de uranio. A mí no se me había pasado nada de eso por la cabeza, evidentemente, pero la diputada recibía esos ecos con cierta preocupación. Hubo gente que fue a verla en privado para aconsejarle que arreglara las cosas antes de que la situación empeorara para todos.

Esta historia contribuyó a poner de relieve la importancia de mi presencia en la zona, con tantos proyectos sociales como gestionaba, y a mostrar a los atrevidos políticos que tocar al cura significaba de alguna manera enfrentarse al pueblo de Bakouma en su totalidad.

Varios meses después, la diputada vino a su circunscripción, a pesar de la dificultad del viaje entre Bangui y Bakouma. Al caer la noche, vi las siluetas de tres personas acercándose a mi oficina, iluminada por una pequeña luz de energía solar. Se trataba de la señora diputada, acompañada de dos miembros de la Comisión de Justicia y Paz de la parroquia. Los recibí sin saber qué decir ni cómo decirlo. Mantuve la actitud de cortesía y nada más. Tenía mucha curiosidad por saber qué quería la dignataria.

—Padre —intervino uno de los miembros de la Comisión—, la diputada nos ha pedido que la acompañáramos porque tiene algo importante que decirle.

La diputada expresó su pesar por los desafortunados comentarios que había realizado en la radio. Básicamente, me pidió perdón. Fue un alivio para mí y para todos. Ese día entendí que a veces basta con tener un poco de humildad y grandeza de espíritu para resolver una crisis. Evidentemente, ella no volvió a hablar en la radio para desmentir la noticia, disculparse y poner fin a los rumores, pero yo tampoco se lo exigí. Su presencia en mi oficina había sido más que suficiente.

Víctimas de las abejas

Como el padre Innocent se había llevado la moto parroquial a Zabe, tuve que pedir prestada la vieja moto del hospital de Bakouma para visitar a la comunidad que había fundado en Wanda unos meses antes. Esta vez, para no morirme de hambre, había enviado a todos los scouts de la parroquia, que se me habían adelantado a pie. Acostumbrados a caminar sin parar, habían llegado al pueblo sin problemas.

A mí me acompañaba el catequista François. La moto del hospital se encontraba en unas condiciones lamentables. Era un montón de piezas ensambladas unas sobre otras y reparada por mecánicos locales. Unos kilómetros después de Bakaikpa, el freno trasero chocó con una raíz que no había visto, y se rompió. Eso me obligó a hacer gimnasia con la moto, frenando con los pies, aunque eso significara rasparlos dolorosamente contra el suelo. A pesar de todo, François y yo conseguimos llegar a Wanda.

Esta vez la acogida fue mejor. Un cristiano protestante, diácono de la Iglesia baptista, se ofreció a recibirme en su casa durante toda mi estancia. Los scouts ya estaban allí. Aquello parecía una evangelización de altos vuelos, hasta que un día antes de nuestra partida los scouts llamaron a mi puerta para decirme que uno de ellos estaba en coma. Era un hombre de unos cuarenta años de la comunidad católica de Kono. Fui a ver al enfermo, pero no sabía qué le ocurría. ¿Hipertensión? ¿Un ictus? No tenía conocimientos médicos y no había ningún médico en un radio de cien kilómetros. Estábamos a merced de la Providencia. El sanitario del pueblo, que no tenía una formación superior a la de un socorrista, le administró un suero fisiológico que yo había comprado, solo por intentar hacer algo.

A las 8 de la mañana del día siguiente empecé la misa dominical que cerraba el curso de evangelización. En medio de la homilía, llegó alguien llorando para anunciar que el scout había muerto. La gente se puso inmediatamente a llorar y a gritar y fue complicado continuar con la celebración de la misa.

Como no podíamos llevar el cuerpo a su familia, situada a más de 120 km. de distancia, decidimos enterrarlo allí con ayuda de los habitantes de Wanda en el cementerio católico que habíamos creado en la localidad.

Esa misma tarde François y yo nos pusimos en camino para regresar a Bakouma, con la idea de enviar la noticia del fallecimiento al pueblo de Kono. Como los frenos de la moto no funcionaban, toda precaución era poca para no caernos y rompernos la crisma. A eso se añadía otro problema: se me había terminado el agua potable filtrada que había traído de casa. Mi anfitrión me había regalado un pequeño bidón de agua del color de la leche. Con solo verlo ya me podía imaginar la cantidad de amebas que contenía, pero sin pensármelo mucho acepté el regalo con la esperanza de no tener que usarlo.

Recorrimos una buena distancia sin mayores dificultades. El objetivo era llegar a la parroquia antes del anochecer. En esa previsión no había tenido en cuenta que en algunas partes de África es casi inútil calcular la hora. Es mucho mejor contar con la Providencia.

Hacia la mitad del viaje, sentí que la moto ya no tiraba. Paré el motor y vi que habíamos pinchado.

—¿Tenemos lo necesario para arreglar la rueda? —me preguntó François.

—Sí. Llevo en el equipaje una caja de herramientas.

Con gran dificultad, François y yo conseguimos levantar la moto para colocarla sobre un trozo de madera cerca de la pista. De ella colgamos la rueda pinchada para quitar la cámara de aire perforada y nos dispusimos a repararla. Había visto varias veces cómo se hacía esta operación, aunque personalmente no la había hecho nunca. Justo cuando estaba girando la cámara para encontrar el agujero, ocurrió algo inesperado: ¡fuimos atacados por innumerables abejas! Llegaban en batallones compactos y nos picaban sin piedad. Parecían repartirse por igual entre François y yo. Me quité la chaqueta de motorista, la puse sobre el casco —que ya estaba en el suelo— y salí corriendo por el bosque. François también corría con todas sus fuerzas, solo que en dirección contraria. Algunas de las abejas nos persiguieron. Otras se lanzaron sobre la moto y sobre mi chaqueta.

Corrí durante mucho tiempo. Me arrastré entre los arbustos, tratando de ir más rápido que las docenas de abejas que me perseguían. Ya no veía ni oía a François. Finalmente, conseguí alejarme de las abejas y esconderme.

Las abejas se encuentran entre las especies más organizadas del reino animal. Su colmena parece una fábrica donde lo único que no hay es desempleo. Cada abeja tiene una tarea muy específica, dependiendo de su naturaleza y eficiencia. Generalmente, las abejas no atacan sin una amenaza previa. Casi siempre descargan su aguijón para defenderse. Una vez que el aguijón es utilizado, la abeja pierde su identidad y ya no regresa al grupo. Cada abeja tiene un aguijón único que no se regenera. Las que nos atacaron vivían en el bosque, probablemente en el tronco de un árbol. En mi zona, los habitantes sabían identificar estos lugares para poder recolectar la miel gratis, con la cabeza descubierta, desafiando las picaduras.

François salió de su escondite y me llamó.

—Padre, ¿qué hacemos? Ahora que ya se han marchado, ¿no cree que podremos resistir el dolor de las picaduras y reparar el neumático?

Yo había recibido unas diez picaduras y algunas zonas de mi cuerpo empezaban a hincharse. Sin embargo, no teníamos elección, así que nos acercamos a la moto. Las abejas se abalanzaron sobre nosotros de nuevo. Una vez más, nos vimos obligados a salir corriendo. La chaqueta estaba llena de abejas y el casco también. La moto era su centro de operaciones. No había forma de recuperarla, por lo que decidimos quedarnos escondidos en el bosque hasta el anochecer. Sabíamos que las abejas no trabajan de noche, porque no ven bien en la oscuridad.

La picadura de abeja puede ser peligrosa si logra penetrar en lugares delicados, como la garganta, o si se tiene alergia a la misma. En la parroquia tuvimos, desgraciadamente, un caso terrible. Un anciano, acorralado por miles de abejas y sin fuerzas para correr, se refugió en un retrete que se encontraba cerca. Perseguido, había metido la cara en el agujero del rudimentario retrete y allí encontramos el cuerpo sin vida. No llegamos a saber si murió por asfixia o por las picaduras que se veían por todo su cuerpo.

Mientras esperaba a que cayera la noche, me entretuve observando los movimientos de las diferentes criaturas que viven en el bosque: las hormigas en fila india, los insectos dando vueltas en todas direcciones, los pájaros, los mosquitos... El bosque es el dominio de miles de seres vivos completamente ajenos a las andanzas del hombre. Todos son libres en su entorno natural, cada uno en la medida de su esencia. Me di cuenta de que era yo el extraño en ese entorno. ¡Qué fácil es afirmar que el hombre es la medida de todas las cosas cuando no te encuentras en una situación así! Yo me encontraba a merced de criaturas muchísimo más pequeñas que yo, a las que no les importaba ni lo más mínimo. ¿De qué manera era yo la medida de las abejas, avispas, mariposas, chinches, hormigas, escarabajos, garrapatas, ciempiés, lombrices, mantis, arañas, sapos, saltamontes, salamandras, serpientes, moscas, mosquitos, orugas, caracoles y tantos otros bichos que pululaban libremente por allí?

Afortunadamente, los animales salvajes, todavía muy presentes en la zona, no suelen acercarse a la carretera. Prefieren mantenerse lejos del ser humano. Me habían hablado de avistamientos de leones en ese mismo camino, pero durante mi estancia en la parroquia de Bakouma tuve la suerte de que hubieran decidido no cruzarse conmigo, ni ese día ni ningún otro. De hecho, aunque crucé el bosque muchas veces, no vi ninguno en su entorno natural. En la región donde vivía, en zonas remotas, había elefantes, búfalos, hienas y leopardos, pero cuando les cuento a mis amigos que solo he visto esos animales en el zoo de Madrid, se burlan de mí. ¡Afortunadamente! ¡No entienden que, si te encuentras con un león, es muy probable que no vuelvas a tener la oportunidad de contarles a tus amigos nada más! Lo que más miedo me daba era cruzarme con una manada de hienas. Son animales extremadamente peligrosos. Su mordedura es más potente que la de los leones. Si deciden hacerte daño, te acorralan en círculo y poco a poco se te van acercando. Se entiende entonces por qué cada vez que emprendía un viaje, rezaba para no ser víctima de tan extrañas criaturas.

Un desconocido avisa al padre Innocent y nos rescata

Al caer la noche desaparecieron las abejas. Abandonaron la moto, la chaqueta y el casco. François y yo salimos con mucha precaución de nuestro escondite para recuperar la moto y todo lo demás. Pero cuando fui a encender la linterna no pude. La bombilla de mi linterna estaba fundida, François no llevaba linterna y sin luz no podíamos arreglar el pinchazo de la rueda. Como todavía nos faltaban unos ocho kilómetros para llegar al siguiente pueblo, no nos quedó más remedio que turnarnos para empujar la moto, ¡a oscuras!

Además del esfuerzo, tenía una sed abrasadora. No me quedó otro remedio que beber del agua del color de la leche que me habían dado en Wanda. Era una cuestión de supervivencia. Poco a poco fui vaciando el recipiente. Mientras tanto, François me iba dando lecciones sobre los diferentes animales que poblaban la zona: los que cazan de noche y duermen de día; los que lloran toda la noche para señalar su presencia o atormentar a posibles depredadores; los que aúllan para atraer hembras o machos, según el caso; los que se aparean emitiendo un ruido ensordecedor; los que aprovechan la noche para divertirse o pelear... El bosque contiene todo un mundo de seres vivos que desconocen por completo al ser humano. Cada animal contribuye al equilibrio general sin saberlo. Cuando uno atraviesa el bosque en plena noche se da cuenta de la inmensidad de la creación y de la omnipotencia del Creador, que supo poner armonía entre todos ellos. Mientras François me explicaba todo ese enredo natural y la complejidad de los diferentes sistemas de los seres selváticos, yo empujaba la moto, a la vez que ingería constantemente agua sucia. ¡Qué viaje! ¡Qué evangelización! ¡Qué sufrimiento! ¡Qué cansancio! ¡Qué experiencia!

Hacia las tres de la mañana llegamos al pueblo de Mbaye. Parecía desierto. Los habitantes lo habían ido abandonando para irse a vivir más cerca de la ciudad. Afortunadamente, nos topamos con la cabaña de un amigo llamado Boykota (no el que el lector conoce, acusado de brujo, sino otro). A nuestra llamada se despertó, al igual que su esposa, y nos preparó unas esteras en una de las cabañas. Sin colchón, exhausto, lleno de picaduras de abeja y entregado a los insoportables mosquitos, pasé el resto de la noche sin pegar ojo, pensando una vez más en los antiguos misioneros y los peligros que tuvieron que correr para llevar el Evangelio por todo el mundo.

Por la mañana, Boykota nos ayudó a reparar la rueda de la moto. Su esposa nos preparó un café y volvimos a la carretera, agradeciendo la generosidad de esta familia. Esperábamos llegar tarde o temprano a la parroquia. Me decía a mí mismo que, si la moto volvía a molestar, la dejaríamos e iríamos andando. Y como si hubiera leído mis pensamientos, la rueda de la moto volvió a pincharse. La misma de antes. ¡Otra vez! ¿Desesperación? No, lo siguiente.

De repente vimos aparecer la camioneta de la parroquia. ¡El padre Innocent venía en nuestra ayuda! En mitad de la noche, un señor desconocido se había presentado en su puerta para decirle que el párroco había sido atacado por las abejas en medio de la selva y se encontraba en un estado lamentable. ¿Quién era ese señor? Nadie lo sabía. ¿Dónde nos había visto? Después de avisar, desapareció en la oscuridad. Y el caso es que durante nuestras desventuras con las abejas, no había pasado por allí ningún caminante. Era todo un misterio. Metimos la moto en la furgoneta y volvimos a casa. Esa misma noche, el agua que había bebido me produjo un intenso dolor de cabeza y una fuerte diarrea.

Visita a las aldeas de la diócesis con el hermano David

Había llovido toda la noche. En la República Centroafricana, la temporada de lluvias puede durar de cinco a seis meses. Los ríos se desbordan, los caminos se vuelven resbaladizos, las zanjas se llenan de agua y los árboles se resquebrajan y quedan atravesados en las carreteras. Para paliar estos daños, llevaba siempre en el coche un hacha, un pico, una pala, un machete y una cuerda al lado de mi habitual caja de herramientas.

A pesar de los pronósticos, el hermano David y yo decidimos visitar una de las comunidades más remotas de la parroquia, inaccesible en ese momento en automóvil. Cogimos la moto vieja. Yo iba delante y él detrás. La carretera estaba muy resbaladiza, pero preocupados por la pastoral, tomamos la decisión de ir al encuentro de nuestros feligreses.

Teníamos previsto ir parando por el camino para decir misa cada vez que llegáramos a una aldea donde hubiera cristianos. Sabiendo que el hermano David no era muy ducho en el manejo de la moto, tuve la audacia de conducir yo, estando el terreno como estaba. No pasó mucho tiempo antes de la primera caída. La hierba era muy alta y cubría completamente el camino, por lo que no había ninguna posibilidad de ver los obstáculos.

—David, ¿estás herido? —le pregunté.

—Yo creo que no, ¿y tú?

—Tengo los pies atrapados debajo de la moto. Vamos a intentar levantarnos.

David se puso en pie y tiró con todas sus fuerzas de la moto para liberarme. Afortunadamente, ambos estábamos ilesos, por lo que decidimos continuar.

Arranqué la moto de nuevo. En cuanto puse la primera velocidad para acelerar, mis pies volvieron a deslizarse sobre el camino, que parecía una alfombra enjabonada. Sin hacer el menor movimiento, caí una vez más frente al hermano David. Nunca me había pasado algo así antes. ¿Cómo puedes caer dos veces en el mismo lugar? Concluí entonces que mi torpeza no nos permitiría llegar a nuestro destino. Es más, noté que el manillar de la moto se había torcido. La moto ya no estaba equilibrada y ninguno de los dos sabía arreglarla.

—David, lleva tú la moto. Yo ya no lo soporto más.

El hermano David cogió la moto y continuamos el camino. Con gran dificultad, recorrimos los casi 40 kilómetros que nos separaban del primer pueblo habitado, Kaussa. No nos habíamos cruzado con nadie. Tuvimos que sortear numerosos árboles derribados por el viento. Fue un viaje verdaderamente agotador.

Celebramos la misa. Kaussa tenía una comunidad cristiana de unas diez personas con un buen catequista, aunque afirmaba no saber las fechas para recibir del cura un calendario, que consideraba un objeto hermoso e importante. Era un pueblo aislado y rodeado de una naturaleza exuberante. Sus habitantes solo tenían plantas como sistema de salud y las charlas familiares constituían el único sistema educativo. No había ni rastro de la vida moderna. Durante la estación seca, todos los pozos y arroyos se secaban. Para conseguir agua, viajaban decenas de kilómetros con grandes recipientes en la cabeza. El jefe del pueblo, un cristiano católico polígamo —tenía dos esposas, también cristianas—, era famoso por tener poderes especiales sobre el bosque, que no era sino otra forma de decir que era un hechicero temible. Se decía que si un cazador entraba en el bosque sin su aprobación, corría el riesgo de regresar con las manos vacías o de toparse con múltiples desgracias.

Cerca había un campamento de un safari gestionado por una empresa europea que organizaba cacerías de forma profesional. Más de una vez, los safaris habían tenido que abandonar la zona por su falta de entendimiento con las poblaciones locales, sublevadas por el mismo líder. Yo, para estar en paz con él, cada vez que pasaba le dejaba dos cartuchos de caza, uno para mí y otro para él. A la vuelta siempre me esperaba con algún animal recién cazado y una gran sonrisa en los labios. Siendo yo el mayor «hechicero» de la región, poseedor del Espíritu Santo, me tenía cierto respeto. Gracias a nuestra relación cinegética, terminamos haciéndonos amigos.

Los cristianos de Kaussa habían logrado construir una pequeña capilla para la liturgia dominical, pero por falta de medios o de creatividad, estaba hecha de unos pilares de madera sobre los que habían dispuesto el techo de paja. Así pues, se trataba en realidad de un cobertizo sin paredes que servía de capilla los domingos y de hogar para las cabras el resto de la semana. Durante la noche, el macho cabrío más grande del pueblo saltaba al altar y mandaba sobre el resto del rebaño a partir de ese lugar sagrado. Allí fue donde dijimos misa antes de salir de nuevo a la carretera.

Más adelante estaba Ndambiswa. En aquella época era donde terminaba la carretera. A partir de ese punto, no se podía pasar debido al río Guinigo, que desde hacía más de 25 años se había convertido en la preocupación de todos los pueblos de los alrededores. Los coches no podía pasar de un lado a otro. Lo único que había eran unas traviesas de hierro separadas unas de otras, tambaleantes e inestables. Cuando llovía, el río se desbordaba.

Todo el mundo me pedía que ayudara a construir un puente —el lector ya sabe que finalmente se construiría—, pero en el momento de esta historia yo aún no estaba preparado. Hacia el final de mi estancia en Bakouma, con la ayuda de todos, fue cuando construimos aquel puente extraordinario para permitir la circulación de mercancías y personas.

Ndambiswa era uno de esos curiosos pueblos donde los cristianos superaban en número a los paganos, pero donde convivían dos iglesias: la católica y la protestante. La situación era difícil para ambas. Cuando quise llegar al fondo de sus problemas, descubrí un complejo rompecabezas. El responsable de la Iglesia católica era polígamo, y el catequista era un anciano temido por sus poderes como curandero tradicional. En África, la medicina tradicional suele estar vinculada a prácticas ocultas, por lo que un curandero es a la vez objeto de admiración y miedo.

Tras visitar Ndambiswa llegamos a Wago. El jefe nos recibió con gran generosidad. Nos presentó a sus cuatro esposas. Refiriéndose a su situación de polígamo, me hizo saber que tenía en mente el plan de tomar una quinta esposa para estar mucho más cómodo. Para ser bautizado había tenido que registrarse en una secta cristiana no demasiado exigente en cuanto a la moral familiar, pero me aseguró que su corazón era católico: prestaba su casa amablemente para acoger a los sacerdotes y les proporcionaba alimento durante toda su estancia. No teníamos ningún problema en discutir el desarrollo, pero no estábamos en la misma longitud de onda cuando se trataba de las mujeres y la familia.

Después de celebrar misa en Wago, nos dirigimos hacia el que debía ser nuestro destino final, Zabe. Pero cuando solo nos faltaban dos kilómetros para llegar, nuestra moto pinchó. La noche cayó sobre nosotros. No tuvimos más remedio que empujar la moto y llegar al pueblo en mitad de la noche.

Los católicos de Zabe nos recibieron con entusiasmo. Los más pequeños prepararon canciones y bailes. La presencia de un sacerdote entre ellos era motivo de alegría y celebración. Era la comunidad más grande de toda la zona. Nos alojamos en la casa del catequista principal, el señor Faustin, con una habitación para mí y otra para David. Nos calentaron agua y nos turnamos, al amparo de la noche, para lavarnos detrás de la casa bajo las estrellas.

Después de la ducha, la cena y una larga charla con los habitantes de Zabe, ambos nos retiramos a nuestra cabaña a descansar.

El ataque de las hormigas rojas

Todo estaba en calma, en silencio. Solo se escuchaba la letanía de los grillos, el canto del búho y el ladrido esporádico de algún perro. Sin embargo, la noche no había hecho más que empezar. De repente oí, como en un sueño, una voz que me llamaba.

—Padre...

—¿Qué pasa, David?

—Ven a ver.

—¿Ver qué?

—No sé. Está pasando algo.

—Escucha, si tienes pesadillas, puedes venir a dormir a mi lado —le dije, y volví a dormirme inmediatamente. Me caía de sueño. ¡No podía más!

David insistió en despertarme, mientras yo me aferraba a mi sueño.

—¿Pero no tienes linterna? —le pregunté, medio enfadado.

—No. Ven, es serio.

Busqué mi lámpara, que estaba muy cerca de la cama, y fui a la habitación de David. Me quedé sin palabras: miles, tal vez millones de hormigas, habían formado un círculo a su alrededor en la pared, y poco a poco avanzaban hacia él.

En África hay todo tipo de hormigas, desde las más pequeñas hasta las más grandes, desde las menos peligrosas hasta las más temibles. Entre estas últimas, se encuentran las hormigas rojas. Son bastante grandes de tamaño y viven en grupos muy numerosos. Una vez que localizan a sus presas, las atacan con una táctica similar a la de los batallones militares. Su estrategia es dividirse para abarcar las distintas partes del cuerpo de la víctima, y atacar todas al mismo tiempo. No dudan en entrar por los orificios, provocando daños inimaginables. Matan sin piedad, comen en el acto y se llevan el resto a su hormiguero, donde generalmente reside la reina.

En determinadas épocas del año salen en línea recta para cazar. Muchas veces me divertía observando sus tácticas y su forma de proceder. Siempre hay una exploradora por delante que muestra el camino y todas las demás la siguen. Una vez que matas a la primera, todas las demás se dispersan y regresan al hormiguero. Dentro de una disciplina impecable, estas hormigas limpian todo a su paso. Atacan a lombrices, ratas e incluso serpientes. El ataque a las serpientes es bastante curioso. Sabiendo que son animales más rápidos y fuertes que ellas, se extienden sobre el cuerpo y se dejan enrollar, manteniendo su posición. La serpiente comienza a arrastrarse en todas direcciones, rodando para deshacerse de las hormigas, pero ellas no la sueltan. Al final, las picaduras cansan al reptil y lo matan.

Si entran en un gallinero por la noche, son capaces de eliminar a todas las gallinas. Organizadas como un ejército compacto, avanzan en orden y se reparten el trabajo, tanto de caza como de transporte del botín. Una vez que tienen suficientes presas, maniobran para regresar a casa, cada una con su carga en la cabeza. Durante el camino intercambian la carga, quizá para equilibrar el peso, quizá para aliviar a las más débiles. Cuando el botín es demasiado grande, se meten debajo y lo levantan en grupos.

Así eran las hormigas que habían rodeado a David. El espectáculo era aterrador. Las cuatro paredes de la habitación estaban llenas de hormigas.

David saltó de la cama y salió corriendo de la cabaña. Yo salí detrás de él mucho más discretamente, aunque también estaba horrorizado. El joven Bonifacio, hijo del catequista, nos escuchó desde la cabaña de al lado y vino corriendo en nuestra ayuda, pensando que se trataba de un peligro de otra naturaleza. Después de ver que nos aterrorizaban las hormigas, se burló de nosotros. Mientras tanto, volvió a su cabaña y regresó con un palo llameante. Ante el fuego, las hormigas buscaron desesperadamente agujeros donde esconderse mientras esperaban la oportunidad de escapar.

Mientras aguardaba a que la situación volviese a la normalidad, David aprovechó para ir a hacer sus necesidades detrás de la cabaña. De repente, le oímos gritar: «¡Una serpiente! ¡Casi piso una serpiente!». Aquello fue demasiado para él. Procedía de un zona donde estaban muy extendidas las supersticiones y donde había una creencia desmesurada en la brujería, e inmediatamente pensó que aquellos dos incidentes tan seguidos eran obra de un enemigo. El hermano David no tenía ninguna duda de que ese enemigo había enviado primero a las hormigas para acabar con él y, como no lo había conseguido, había decidido mandar después a la serpiente. Afortunadamente, había salido ileso. Por mi parte, mezclando mi incredulidad ante la brujería con una cierta dosis de racionalismo, pensé que seguramente la serpiente residía en la cabaña antes de que llegaran las hormigas, y una vez sintió el peligro comenzó a huir, encontrándose con David en la parte posterior de la cabaña. En otras palabras, eran simplemente dos fugitivos que se habían cruzado por casualidad.

Durante toda la semana, estuve hablando con unos y otros, intentando reconciliar una comunidad que parecía completamente dividida. El domingo siguiente, durante el *Kyrie* puse un cubo de agua bendita delante del altar y pedí a todos los que quisieran la reconciliación que se limpiaran las manos, pidiendo perdón al Señor. Toda la asamblea acudió a limpiarse con el agua bendita. A partir de ese momento, se acabó definitivamente la división en la comunidad.

Tras una estancia rica en acontecimientos y encuentros, emprendimos el viaje de regreso. Resbalamos y caímos al suelo un número incontable de veces, porque la pista seguía siendo un lodazal. Llegamos a Bakouma completamente agotados y doloridos por las agujetas, que todavía nos durarían una semana, pero felices de haber podido visitar unas comunidades prácticamente aisladas del resto del mundo.

La mitad de cada serpiente de mi jardín es mía

En Bakouma aprendí a comer de todo. Y cuando digo de todo, lo digo de verdad. Todo lo que se mueve se come. En mi país natal, Ruanda, a nadie se le ocurriría comer monos, chimpancés, pangolines, serpientes, murciélagos, ratas, orugas, tortugas, gatos, hormigas, termitas, chacales, pájaros, ¿y qué no? Fuera de mi país, en contacto con otras culturas, fue donde me di cuenta de lo selectiva que era mi cultura de origen.

La primera vez que comí carne de serpiente descubrí una riqueza que antes había ignorado. A partir de entonces, cada vez que mataba una serpiente en mi jardín, el jardinero se llevaba una mitad y yo me quedaba con la otra. Detrás del salón parroquial había un bosque que albergaba grandes víboras. Cada vez que enviaba a alguien a cortar la hierba de esa zona, mataba al menos una, y obviamente el trabajador podía quedarse con una mitad, pero tenía que dejarme la otra a mí. Era mi serpiente, ¿no? A menudo le decía a la gente que no podía morir de hambre en Bakouma, ya que tenía una granja de serpientes para alimentarme en los terrenos de la parroquia.

En la República Centroafricana existen muchos tipos de serpientes. Hay serpientes venenosas, muy peligrosas para los humanos y los animales y otras no venenosas, pero que se tragan presas de gran tamaño. Sin embargo, también hay algunas que no molestan. Obviamente, es difícil saber si una serpiente en particular muerde o no. De algunas es bien sabido, pero de otras nunca se sabe. Por eso siempre preferí tomar precauciones, pero ¿cómo se toman precauciones contra una serpiente? Son los animales más odiados por los africanos, y también los más presentes en su entorno. Se deslizan a todas partes en silencio y se infiltran en los rincones más insospechados. Nunca hacen ruido a menos que estén peleando o apareándose. Los hombres las matan todos los días, pero no consiguen exterminarlas. Me asombraba ver cómo el hombre las mata con una especie de implacabilidad y placer, incluso a las serpientes recién nacidas. «Cualquier serpiente», me decía la gente, «siempre es peligrosa, sin importar su tamaño ni la edad».

Durante la noche casi siempre escuchaba el silbido de estos reptiles. Los expertos dicen que la serpiente solo silba cuando se siente amenazada o cuando quiere intimidar a su presa. Alrededor de mi habitación, estas vecinas curiosas deambulaban entre los arbustos por la noche, sin preocuparme demasiado. De vez en cuando, el centinela mataba a alguna cuando se aventuraba a entrar en la casa, arrastrándose por debajo de una puerta mal cerrada. A estas curiosas bestias les encantan los lugares cálidos y tranquilos, como puede ser el hueco debajo de la cama o detrás de una caja de cartón.

Cada vez que iba a un pueblo para visitar una comunidad, inspeccionaba atentamente la cabaña para detectar la presencia de serpientes. No deseaba compartir mi cama con estos huéspedes no deseados.

Antes de contar mi aterradora experiencia con la serpiente boa, comenzaré esbozando algunos encuentros inesperados con serpientes a lo largo de mi estancia en Bakouma.

Una serpiente en la cama de Jacques

En una ocasión acogí en la parroquia a un huésped camerunés, Jacques, durante unos días. Una noche, mientras yo dormía profundamente, me despertó con gritos sobresaltados.

—¡Una serpiente, una serpiente! ¡Un palo, un palo!

Siempre es así. Cuando se habla de una serpiente, inmediatamente uno piensa en un palo para partirle el cráneo. Ninguna serpiente debe sobrevivir. Esta es la ley del Génesis, anclada incluso en los corazones de aquellos que nunca han leído la Biblia. Cada hijo de Adán está ligado a esta relación de enemistad con el animal a través del cual el pecado entró en el mundo.

Me levanté y fui corriendo a ver a Jacques.

—¿Qué pasa?

—Acabo de ver a una serpiente entre las sábanas. ¡La he sentido en mi cuerpo!

Al oír estas palabras, un sudor frío me recorrió todo el cuerpo. Una serpiente bajo las sábanas es la peor pesadilla que se puede tener.

—He sentido que algo me rozaba, y cuando he intentado tocarlo, he notado que era una serpiente. He saltado inmediatamente de la cama y he salido corriendo, a la vez que cerraba la puerta detrás de mí para que no se escapara. ¿Sabes dónde podemos encontrar un palo?

Jacques y yo buscamos un palo detrás de los edificios. El centinela había desaparecido, como casi siempre que me oía roncar. Una vez que dimos con un palo, volvimos a buscar a la serpiente, pero ya no la encontramos. No estaba debajo de las sábanas, ni debajo de la cama, ni en ningún otro rincón de la habitación. Dimos la vuelta a las sábanas con un palo largo, pero allí no había ninguna serpiente. ¿Lo habría soñado Jacques?

—¿Qué vas a hacer? —le pregunté—. ¿Vas a seguir durmiendo en la misma habitación?

Es muy difícil dormir en una habitación habitada por una serpiente. Este odio entre ella y el hombre es una cuestión casi metafísica que se remonta al principio de los tiempos. El hombre siempre mata a la serpiente, y cuando la serpiente puede, también mata al hombre. El perdón es impensable en este caso. Incluso cuando la serpiente huye, el hombre la busca en su escondite para asegurarse de que está muerta.

Finalmente tuve que abrir otra habitación para Jacques. Nunca supe si había una serpiente en la habitación o no. Si la serpiente estaba allí y él había cerrado la puerta al salir, ¿cómo se nos había escapado?

La serpiente blanca

Una tarde que iba en mi vieja moto por Bakouma, pasé bajo los mangos que se encontraban en el camino hacia la subprefectura. De repente vi una serpiente grande y larga, de unos tres metros o más, blanca como la nieve, que caía de las ramas del árbol frente a mí, a un metro de distancia. Por instinto, frené la moto. Parado frente al reptil, no sabía qué hacer. ¡Ella tampoco! Me quedé paralizado, como hipnotizado.

En una fracción de segundo, la serpiente se deslizó hacia el bosque y una vez allí, a aproximadamente un metro de distancia, se levantó y se irguió. La cabeza le asomaba por encima de las hierbas y podía ver sus ojos fijos en mí. Me recorrió un escalofrío. Me habían enseñado que ciertas serpientes, como algunos tipos de cobras, se ponen de pie para concentrar el veneno y escupir directamente a la víctima, a la que pueden provocar ceguera. Estaba seguro de que estaba en una posición débil frente al reptil y reaccioné más por instinto que por inteligencia. Aceleré la moto y salí de allí lo más rápido que pude. Al sonido del motor, la serpiente se agachó y desapareció bajo la hierba.

Más tarde, al contarle el suceso a un anciano de la aldea, se burló de mí. Según él, no había motivo para tener miedo. Siempre hay serpientes en los árboles del mango. Suben en busca de nidos de pájaros para comerse a las crías. Son especialistas en eso. Cuando están aterrorizadas, saltan sin saber adónde van. Al llegar al suelo, aturdidas, perdidas, se levantan, no para causar ningún peligro, sino para orientarse. La serpiente seguramente se había asustado por el ruido del motor y había perdido el sentido de la orientación. Quizás ni siquiera me había visto, pero ¿cómo podía saber yo que no me quería hacer daño?

Acepté a medias sus explicaciones. El miedo no iba a desaparecer así como así. Yo sabía que las serpientes no atacan si no se sienten amenazadas, y sin embargo, yo, que siempre he tenido horror a estas criaturas, vivía en la República Centroafricana en una región que era su coto. Me cruzaba con ellas aquí y allá, arrastrándose por el suelo o colgadas de una rama, acurrucadas en un hoyo o en medio de la calle. Las había de todos los colores y tamaños. Algunas podían confundirse con las enredaderas. A pesar de la hostilidad que existe entre ellas y el hombre, siempre están cerca de él, llegando incluso a adentrarse en los rincones escondidos de su habitación o durmiendo en la cocina.

Una serpiente enrollada en los radios de mi bicicleta

Mis encuentros con serpientes se convirtieron en algo casi rutinario. Poco a poco me fui haciendo a la idea de que tenía que acostumbrarme. Sin embargo, a pesar de su mala fama, la mayoría de las veces huyen sin atacar.

Una vez decidí hacer una ruta por la sabana para revisar unas obras. Cogí la bici para hacer un poco de deporte, y de paso, ahorrar combustible de la moto. Sin embargo, al no ser un experto, no podía subir las pendientes pronunciadas, por lo que me tocaba bajarme. Iba empujando la bicicleta y mi compañero de viaje hacía lo propio con la suya, delante de mí, a unos diez metros de distancia, cuando muy cerca de nosotros oímos un ruido extraño. Agudizando el oído, llegamos a la conclusión de que era el fuego que avanzaba hacia nosotros, devorando los arbustos y la hierba seca. Era la temporada en la que todo el mundo quemaba por todas partes, con o sin motivo. Estaba considerando si avanzar o dar la vuelta cuando vi una serpiente de aproximadamente un metro y medio de largo que venía a toda velocidad en zigzag. Sus movimientos eran tan rápidos que ni siquiera tuve tiempo de reaccionar. Se metió entre los radios de mi bici y ahí se quedó, acurrucada. Tiré la bicicleta al suelo, y la serpiente salió, pasó sobre mi pie, rozándolo suavemente, y desapareció. ¡Qué miedo!

Entendí después que la serpiente estaba huyendo del fuego. ¿Qué pensaría al verse atrapada entre los radios? ¿Y cuando resbaló sobre mi pie? Luego di gloria a Dios, que fue capaz de crear tantas rarezas en la naturaleza.

La historia de las serpientes en estas regiones es interminable. Todo el mundo puede contar las numerosas ocasiones en las que se ha encontrado con ellas. Los hombres casi siempre llevan un machete. Muchos han aprendido a cogerlas vivas para luego cocinarlas. Hay tantas trampas como tipos de serpientes. Las serpientes que viven en el agua generalmente quedan atrapadas en redes. Muchas veces, por la mañana temprano, la gente venía a venderme un trozo de serpiente del arroyo que corre junto a la concesión parroquial. Entonces eran «mis» serpientes las que venían a venderme, ya que había decretado que cualquier animal que estuviera en mi propiedad, automáticamente se convertía en mío.

Una serpiente muy devota

Un domingo oficié misa frente a una multitud que llenó toda la iglesia. El coro había preparado bien las canciones. En la celebración participaban unos amigos españoles que habían venido a visitarme. Ese día probamos un nuevo baile mucho más sincronizado y adaptado a la liturgia. Se notaba que el Espíritu Santo estaba con nosotros. En el momento de la Consagración, después de un *Sanctus* bien ejecutado, vi sobre las cabezas de los asistentes, justo por encima, en las maderas del tejado, una serpiente que parecía estar escuchando religiosamente la oración. Estaba tranquila, suspendida en equilibrio, con la cabeza ligeramente inclinada hacia abajo, como para seguir mejor lo que se decía. Me quedé en silencio. La vi claramente, pero enseguida me dije: «Si hablo de esto, la gente va a salir huyendo, nerviosa y atropellada, y nos habremos perdido el domingo». Preferí dejar que la serpiente siguiera la misa, como todo el mundo. No estaba mal que aprendiera algo del Evangelio... Allí, en ese sitio, no representaba ningún peligro para nadie. Decidí continuar sin decir nada.

Al terminar la misa, se lo dije a uno de los consejeros. Cuando fue al lugar donde yo la había visto, la serpiente ya no estaba. Entendió que cuando terminaba la misa, todos se marchaban a sus casas y ella también lo hizo. Y conociendo, por naturaleza, la maldad de los hombres, sabía que una vez descubierta, su vida corría peligro. El domingo siguiente miré para ver si volvía a aparecer. Lamentablemente no dio señales de vida.

Plantas antiserpientes

En una ocasión, mis gallinas fueron muriendo sin que yo supiera la causa. Cada mañana aparecía una nueva sin vida en el gallinero, sin que se percibieran en su cuerpo señales de agresión alguna. El misterio se prolongó varios meses. No sabía cómo atajar el problema. Un día, informando del hecho a un vecino de la parroquia, me aconsejó plantar un frijol trepador que ahuyenta a las serpientes. La idea me pareció grotesca. Sin embargo, ante la insistencia del vecino, lo planté. Es una planta que produce vainas y semillas de gran tamaño. Desde que planté el frijol alrededor del gallinero, no volví a ver morir ni una sola gallina. Más tarde supe que estas plantas desprenden una sustancia que provoca parálisis a las serpientes.

Después de esta experiencia, entendí por qué son muy pocas las personas, a pesar de la presencia masiva de serpientes, que se preocupan por su mordedura. Durante toda mi estancia en Bakouma, solo una persona murió por mordedura de serpiente. Entonces se especuló sobre una posible maldición de brujería. En la mentalidad de la gente, una serpiente nunca muerde sin que alguien se lo ordene. Es un arma poderosa en el arsenal de los hechiceros, ¡igual que el búfalo o el rayo!

De hecho, cuanto más profundizaba en la cultura local, mejor entendía algunos secretos celosamente guardados. Supe que hay plantas que, una vez ingeridas, repelen a las serpientes o las mantienen a raya. Terminaron mostrándome algunas de ellas. Todo el mundo las tomaba para protegerse. Eran de dos tipos: las que repelían a las serpientes a más de cinco metros de distancia, de modo que cuando la serpiente se acercaba a la persona que la había ingerido o al lugar donde estaba plantada se alejaba inmediatamente, y las que eliminaban el veneno del cuerpo después de una mordedura. El primer tipo lo conoce casi todo el mundo, mientras que el segundo pertenece a la categoría de las recetas especializadas que conservan los curanderos. Tuve la suerte de conocer ambos.

Un amigo *fulani* me enseñó un remedio para protegerme de las mordeduras. Los *fulani* son nómadas. Se desplazan por el bosque en busca de pastos para su ganado. En la República Centroafricana se les llama *mbororo*. Se consideran a sí mismos musulmanes, pero su religión se inspira más en el animismo que en el Corán. Cuando encuentran un buen lugar, se instalan temporalmente cerca de un pueblo, pero sin mezclarse jamás con las poblaciones locales. Tienen su propia cultura y cosmovisión. Sus hijos llevan amuletos por todo el cuerpo. Cuando les preguntas el significado de estos innumerables *gris-gris*, te dicen que tienen varias funciones: para la salud o contra la enfermedad; para la felicidad o contra la desgracia; para atraer amigos o alejar enemigos... Nunca he visto a un solo *mbororo* convertido al cristianismo. La originalidad de su cultura exige que sean las mujeres quienes construyan la casa. El hombre se ocupa de procrear hijos y de cuidar a las vacas.

Un *fulani* que se había hecho amigo mío me visitaba muy a menudo. Me explicó la forma de vida de su gente y su origen, en este caso Nigeria. Me dijo que, para tener una esposa, muchas veces se ven obligados a dejar su país para ir a otro en busca de una joven virgen *mbororo*. Para él, las chicas locales no eran ni fiables ni leales. Ante mi propuesta de convertirse al cristianismo, me aseguró que estaba muy interesado en mi fe, pero que una cosa le impedía convertirse: la monogamia cristiana le parecía un horror. ¡No podía imaginarse viviendo con una sola mujer!

Como muestra de nuestra amistad, accedió a darme la receta antiserpientes. Me trajo unos polvos de una planta que no conocía. Me dijo cómo tomarlos. Según lo que me dijo, una vez ingeridos, los polvos producían un olor en el cuerpo que repelía a las serpientes y las mantenía a diez metros de distancia. También me dijo que reservara una parte para curar las mordeduras. ¿Era efectiva la receta? No lo sé, pero una cosa es segura: nunca me ha mordido ninguna serpiente. Eso sí, tampoco he visto a ninguna de ellas huir a diez metros de distancia.

La caza de la boa

He contado todas estas historias como preparación para mi extraordinaria experiencia de la caza de la boa. Las boas pueden oscilar entre los seis y los doce metros de largo. Generalmente viven en valles cerca de los ríos, pero también se encuentran en la sabana. No acostumbran a morder como las demás, sino a engullir a sus víctimas. Cazan animales de todo tipo, los estrangulan y se los tragan enteros, sin preocuparse por su tamaño. Su capacidad para deslizarse por la hierba sin ser vistas y su sigilo innato les permite capturar fácilmente gacelas, antílopes, perros que se aventuran lejos del poblado e incluso personas. Sus músculos están dotados de un sistema capaz de detectar si la presa estrangulada está muerta o no. Una vez confirmada la muerte por asfixia de la víctima, se la tragan sin más.

Si no encuentran nada que comer, se acercan a los pueblos en busca de gallinas, perros, cabras y otros animales. En ausencia de un animal, pueden atrapar a niños o adolescentes pequeños. En varias ocasiones mataron a boas en las proximidades de Bakouma, tendidas cerca de la carretera, atiborradas de comida e incapaces de moverse.

La caza de las boas es algo espectacular. Una vez detectado el agujero en el que viven, hay que comprobar si están dentro. En cuanto se confirma que es así, uno de los hombres se venda completamente una pierna con una tela impermeable y la mete en la guarida de la serpiente. Entonces espera un poco para que el reptil se dé cuenta de que hay un intruso. En cuanto ve la pierna, la boa ataca. ¡Ahí comienza la guerra de los gigantes! El animal se traga la pierna rápidamente, pero al no saber dónde acaba la presa, sigue avanzando. La segunda persona, completamente libre, ayuda a la primera, la que tiene la pierna metida en el agujero. Al sacar la pierna, la serpiente sale con ella, intentando seguir avanzando en su deglución. Pero se queda bloqueada en la zona de los glúteos, que no entran en su boca.

Cuando la serpiente está fuera, no puede moverse. No puede seguir tragando ni escupir la parte de la pierna que ya tiene en el estómago. La segunda persona utiliza una lanza o un cuchillo afilado, y destripa minuciosamente al animal desde la mandíbula hasta la cola, rasgándola como si se tratara de una tela. Al final de la operación, los dos cazadores quedan libres y tienen a su disposición varios metros de carne para alimentar a la familia. La boa tiene huesos muy ligeros y su cuerpo es completamente elástico. No tiene veneno. Sus armas son su fuerza, su tamaño, su elasticidad y su capacidad para tragarse todo lo que encuentra.

Cuando se tragan a una presa, no suelen alejarse demasiado. Cansadas por el peso de lo que llevan en el estómago, se deslizan bajo la hierba para digerir lo que han engullido. La digestión puede durar varias semanas o incluso meses. Todo este tiempo la bestia es inofensiva; no se mueve, no molesta. Pero, además, no puede defenderse si se la ataca.

Pues bien, estaba yo un día arreglando el jardín mientras conversaba con algunos jóvenes que habían venido a verme, cuando Charly, un hombre de cierta edad muy conocido en la misión, llegó corriendo y dijo que cogiéramos unos cuantos palos. Inmediatamente, los jóvenes corrieron en busca de palos y machetes. Ni siquiera hicieron preguntas.

—¿Adónde vais? —les pregunté.

—Charly dice que ha encontrado muy cerca de aquí una boa.

—¿Y qué vais a hacer?

—Vamos a matarla para comérnosla.

—¿Matar a una boa con palos?

—¡Claro! Si quieres venir a ver, ahora es el momento, pero hay que olvidar el miedo. ¡Es la hora de los hombres!

No cogí un palo, sino una cámara de vídeo. Quería filmar toda la escena. Había sufrido el ataque de boas en mi gallinero, cada vez que alguna de mis gallinas desaparecía misteriosamente; había comido su carne cada vez que me la ofrecían como delicia local, pero hasta ese momento nunca había visto una boa viva.

Mucho antes vi una película llamada *Anaconda*, que trata sobre serpientes del tamaño de grandes lianas en ciertos ríos de América. Pueden alcanzar los 12 metros y no dudan en tragarse vivo a un adulto. En esta película mostraban escenas tan horribles como inverosímiles, donde las anacondas habían decidido exterminar a toda una expedición de ecologistas. Se habían tragado a todos los miembros de la expedición, uno por uno. Después de verla, deseé no encontrarme con ninguna serpiente en lo que me quedaba de vida. Cada vez que venían a ofrecerme un trozo de boa, no podía evitar recordar escenas de la película, e imaginaba que el cazador de la serpiente podría haber terminado en su estómago. Aun así, me la comía alegremente. ¿Quién rechazaría una carne tan escasa y suculenta?

Nos pusimos en camino. Éramos seis: cinco jóvenes armados con machetes y yo, equipado con una cámara de vídeo como única arma. Mientras que al resto del equipo le motivaba la carne, a mí me movía la curiosidad, el gusto por un nuevo descubrimiento y el placer de realizar un reportaje.

Llegamos al lugar indicado, no lejos de la parroquia, y empezamos a buscar entre la hierba. La boa había sido avistada cerca de la pista que conducía a los huertos de los agricultores en medio de la selva. Durante unos diez minutos llevamos a cabo una búsqueda infructuosa. Los jóvenes tenían la convicción de que no andaba lejos. Sabían que ese tipo de serpientes no suelen recorrer grandes distancias en poco tiempo, y pronto vi que tenían razón. Algo grande y muy largo apareció ante nuestros ojos. Todo el mundo tomó sus precauciones. Por mi parte, encendí la cámara. Los más valientes avanzaron primero, los más temerosos se colocaron justo delante de mí. Yo, como reportero, debía morir el último o sobrevivir para informar del acontecimiento. ¡Era lo lógico!

El que iba delante saltó con el machete en la mano y propinó un fuerte golpe al lomo del reptil. Como si de un globo inflado se tratara, el machete rebotó, y la serpiente dio un salto de altura que podía alcanzar los dos metros. Todo el equipo se dispersó. Yo ya me había escapado antes que los demás. Tenía mucho miedo. Me atrevo a creer que en el equipo había otros a los que les hubiera gustado volver rápidamente a casa en lugar de continuar, pero cuando dejamos de correr empezaron las discusiones entre nosotros.

—Creo que tenemos que ir a buscar un arma, un arma de verdad —dijo uno.

—¿Dónde vamos a encontrar un arma? En la parroquia no hay ninguna.

—Hay muchos hombres en Bakouma que son cazadores y tienen armas en casa. Podrían prestarnos una.

—El problema son los cartuchos. El que nos preste el arma querrá que le paguemos los cartuchos y luego querrá compartir la carne con nosotros.

—Yo tengo cartuchos en la parroquia. Podría regalar algunos. ¿Alguno de vosotros sabe disparar una escopeta? —pregunté.

—Oh, en eso aquí todos somos expertos. Un hombre que no sabe cazar puede tener problemas con su esposa —dijo Kevin, el más exaltado del grupo.

En esa región de la República Centroafricana la caza es una realidad cotidiana. De la misma manera que un hombre enseña a sus hijos a cultivar o a pescar, también les inicia en la caza. Además, la carne de caza es casi la única que existe. En los mercados se pueden encontrar animales enteros recién sacados del bosque. Se alinean por tamaño o se venden en trozos ahumados para evitar que se pudran. Como la gente no tiene frigorífico, el fuego es su único sistema de conservación. En el camino, es muy fácil encontrarse con cazadores que salen del bosque con la presa al hombro y el rifle en la mano. En los viajes, uno va encontrándose con ciclistas empujando sus bicicletas cargadas con cestos de carne que van a vender en pueblos lejanos.

Las gacelas y los monos son las presas más populares. Aunque el permiso de armas está oficialmente regulado mediante autorización administrativa, muchos campesinos poseen armas sin haber comunicado su tenencia. Es un hecho más o menos tolerado. En la parroquia no tenía rifle —lo que, para ser un hombre, sorprendía a muchos—, pero casi siempre tenía munición. Si necesitaba carne, le daba dos cartuchos a un cazador con instrucciones de usar uno para mí y el otro para él. Si por torpeza u otro incidente fallaba, el cartucho perdido necesariamente era el suyo. De esta manera evitaba malos trucos. Este principio me trajo muchos beneficios.

Tras la discusión, decidí regresar a Bakouma en busca de un arma. Mientras tanto los jóvenes permanecieron allí, vigilando a la boa desde lejos. Desgraciadamente, todos los vecinos que podían prestarnos un arma se habían ido a sus huertos, lejos de sus casas. Volví con las manos vacías. Mi idea era convencerlos de que abandonasen la caza para evitar riesgos innecesarios. No quería que luego me acusasen de haber puesto en peligro a los jóvenes del pueblo.

—Padre, si tienes miedo, puedes marcharte —me contestaron—. Te daremos tu parte por habernos acompañado, pero no podemos regresar sin el botín. Con el machete tardaremos en acabar con la boa, pero lo conseguiremos.

Para no dar la impresión de estar muerto de miedo, me armé de valor y me quedé con ellos, pero el sentido común me gritaba que abandonase.

Los jóvenes buscaron la boa siguiendo el rastro de sangre. El golpe en el lomo había tenido consecuencias. Decidí subirme a un árbol para hacer mejor el vídeo en el caso de que la encontraran, y dio la casualidad de que los jóvenes descubrieron a la boa muy cerca de mi árbol. Quedé literalmente atrapado entre el cielo y la serpiente. Era imposible subir o bajar. ¡No es necesario describir las gotas de sudor que me caían! Lanzándose con un salto rápido, uno de ellos volvió a golpearla con un machete. Y, como antes, el machete solo rebotó. La serpiente saltó hacia mí, pero no llegó a mi altura. Supongo que no sabía que yo estaba arriba. Al caer se envolvió alrededor del árbol. Mi mano ya no podía sujetar con firmeza la cámara de vídeo para filmar la escena. Parecía un enfermo de Parkinson.

Abajo, los jóvenes sugirieron buscar un palo largo, envolverlo en ropa y presentárselo a la serpiente para que se lo tragara. Quienes proponían esta teoría decían que la habían aprendido de cazadores experimentados, pero luego se resignaron a continuar con los interminables machetazos, seguidos de carreras frenéticas cada vez que la serpiente reaccionaba con saltos. Mientras tanto, yo permanecía inmovilizado en el árbol.

La serpiente no parecía cansarse. Se repitieron los mismos gestos sin éxito. El reptil solo saltaba. Desde lo alto del árbol, en lugar de filmar, yo seguía horrorizado aquella interminable pelea. Después de tres horas, la serpiente ensangrentada dio su último suspiro. La alegría fue inmensa. Nadie estaba herido. Me sentí muy aliviado. Bajé del árbol para dirigir otra operación: la de compartir la boa entre los seis. El reparto era sencillo. Como la serpiente tenía unos seis metros de largo, cada uno cogió un metro y regresamos a casa.

La pastoral del ladrillo

En algún momento de mi estancia en Bakouma, recibí la visita de Serena, una amiga italiana desde hacía muchos años. A pesar de su avanzada edad, tenía muchas ganas de conocer mi parroquia y compartir conmigo la alegría de mis feligreses. Para mí, por supuesto, fue muy emocionante verla adentrarse conmigo en los caminos de la selva al encuentro de la gente. A su regreso a Italia, publicó un artículo en un periódico que causó sensación. El artículo se titulaba «La pastoral del ladrillo».

Serena había notado la hiperactividad que me caracterizaba en ese momento. Había decidido transformar el territorio parroquial en una obra de construcción al aire libre. Trabajaba de lunes a domingo, de la mañana a la noche. Me dedicaba a reparar todas las carreteras que unían la parroquia con todas sus comunidades cristianas, a construir puentes, escuelas, a crear programas de alfabetización de adultos y cooperativas de todo tipo. Al mismo tiempo, visitaba las comunidades cristianas para promover la fe, organizaba los grupos parroquiales y supervisaba la catequesis. Todo giraba en torno a un principio básico que había hecho mío: la evangelización unida a la promoción humana.

Una de las cosas que me motivó a combinar estas dos realidades fue una curiosa anécdota. Como he ido contando a lo largo de estas páginas, comencé mi misión recorriendo todas las comunidades que pertenecían a mi parroquia. Así fue como entendí que parte de mi trabajo pastoral consistiría en ayudar a las personas a escapar de las ataduras que las mantenían en el cautiverio de la pobreza.

Por un lado, había tenido excesivas dificultades para llegar a algunos pueblos debido a que las carreteras habían quedado inutilizadas a causa de la erosión y el desgaste, y en algunos casos nunca habían existido. La idea de construir carreteras y puentes nació realmente de las dificultades con las que me había topado. Fue así como me comprometí, gracias a la ayuda de todos y a la determinación de la población, a reconstruir el puente Guinigo. La obra de ese puente, de casi 100 metros de largo, construido con bóvedas de cañón en medio del bosque, quedará en la memoria colectiva como una hazaña de inusitada audacia. De hecho, todo se hacía a mano o con medios rudimentarios: la búsqueda de piedras, su transporte, el aserrado de las tablas, la búsqueda de grava, etc. Cuando todos los pueblos de los alrededores se reunían para levantar algo entre todos, era como un festival de hormigas.

Por otra parte, antes de ir a ciertas comunidades, enviaba cartas para avisarles de mi visita. En una ocasión llegué a una comunidad donde a nadie se le había avisado con antelación, ni se habían hecho los preparativos necesarios. Cuando pregunté los motivos, el catequista me dijo que había recibido la carta, pero no sabía leer el calendario. En pocas palabras, no sabía la fecha exacta en la que estábamos. En otra comunidad no había nadie capaz de leer la carta, porque el catequista tenía problemas en la vista y en la comunidad nadie más sabía leer. Además, hubo algo que me impresionó mucho: había enviado a esa misma comunidad una carta de un sacerdote que, después de trabajar en la zona, se había ido a estudiar a Roma, y les había escrito en francés, dándoles la noticia y agradeciéndoles la acogida que le habían dispensado cuando estuvo entre ellos. La carta había llegado. Desgraciadamente, ni el catequista ni nadie en el pueblo entendían francés. Entonces decidieron guardar la carta con cuidado mientras esperaban que llegara un buen samaritano. Resultó que ese buen samaritano fui yo. El día que llegué ese fue el primer servicio que me pidieron: traducir la carta de Roma a un idioma que pudieran entender.

En otras comunidades faltaban lectores de la Palabra de Dios en las celebraciones litúrgicas o había dificultades casi insalvables para sustituir a un catequista enfermo o jubilado. La única manera de resolver estos problemas pasaba por invertir en educación. También comenzaron a surgir escuelas rurales y jardines de infancia en todo el territorio parroquial. Más tarde, con gran dificultad, construimos una escuela católica adecuada en el centro de Bakouma. Después de increíbles esfuerzos, pude inaugurar este hermoso edificio con el orgullo de haber logrado algo duradero.

Todas estas actividades no podían pasar desapercibidas. Una mañana recibí la visita del subprefecto de Bakouma. Quería ofrecerme una medalla al mérito nacional que el propio presidente de la República se encargaría de ponerme. La oferta era tentadora. En principio, nadie niega tal reconocimiento por las implicaciones que tiene en la vida del país en general. Sin embargo, sin saber exactamente por qué, rechacé el regalo. ¿Fue uno de esos momentos de lucidez espiritual que muchas veces dirigían mis intuiciones? No lo sé. El caso es que, unos años más tarde, cuando quise optar por la nacionalidad centroafricana, me señalaron que si hubiera tenido esa medalla la cosa habría sido casi automática. Lamentablemente no la tenía, y a pesar del tiempo que había pasado allí y los servicios prestados, no pude obtener la nacionalidad. Fue un final amargo en un país al que amaba tanto y por el que había dado lo mejor de mí. Pero como dicen, la gloria de este mundo no es nada comparada con la que nos espera en el más allá.

Cuando Serena vino a visitarme, estaba ya sumergido en ese ajetreo: construyendo carreteras, abriendo escuelas, gestionando cooperativas, organizando farmacias. Me había convertido en sacerdote, arquitecto, gerente, médico, farmacéutico, gestor de conflictos, conductor de ambulancia, comisionista, protector de brujos. Todos pasaban por mi oficina por un servicio u otro. De hecho, desde la mañana hasta la noche, siempre había una fila interminable de personas esperando con diversas necesidades: los que buscaban trabajo, los que querían cobrar, los que pedían viajar en la camioneta del cura, los que pedían ayuda, los que querían guardar dinero, los que querían enviar dinero a sus familiares en alguna parte del país, los que querían comulgar, los que buscaban los sacramentos, etc.

Por eso, después de observar la situación, Serena, con mucho afecto, me rogó que me tomara un día libre a la semana para evitar el exceso de trabajo. ¡Es que no descansaba ni el domingo por la tarde! Sin embargo, había un inconveniente: ¿cómo podía despedir a las personas que se reunían cada mañana ante mi puerta con la esperanza de volver a casa, aliviadas por una buena palabra, una promesa, un gesto, un abrazo, un servicio? ¿Cómo le decía a un catequista que había recorrido 80 km. a pie que no podía atenderle, que estaba descansando? ¿Cómo le decía a una mujer embarazada que llamaba a la puerta pidiendo ayuda urgente con el parto que no estaba disponible?

A ese respecto, recuerdo un Jueves Santo excepcional. Antes de los servicios vespertinos, donde las enseñanzas se centran en la Eucaristía, el sacerdocio y el amor al prójimo, tuve la intuición de pasar por el hospital de la subprefectura, el único de toda la región. Quería hacer una visita, aunque fuera rápida. Cuando llegué me encontré con un caso dantesco. Había una mujer embarazada, acostada en la cama y lanzando gemidos insoportables. Su marido estaba a su lado, muy resignado. Pregunté qué ocurría. La pareja había acudido sin nada en los bolsillos, con la esperanza de que la mujer pudiera dar a luz sin grandes dificultades. Debo decir que en la República Centroafricana no existe la Seguridad Social. Toda la atención la paga el paciente. El responsable del hospital se había trasladado a la capital, dejando la gestión del centro en manos de los ayudantes. Estos, no sabiendo qué hacer, contactaron con un enfermero jubilado que realizaba cirugías sin ser médico. El enfermero ordenó una cesárea, pero era necesario adquirir productos farmacéuticos antes de realizar la operación. La pareja no tenía dinero. Durante varias horas, el enfermero pensionista esperó en vano y decidió regresar a casa. El farmacéutico, al ver que nadie compraba nada, cerró la farmacia del hospital y se fue a su pueblo, a 5 km. A partir de entonces, la pareja se resignó a la muerte, tanto del bebé como de la madre. Solo Dios podía realizar un milagro. Y el milagro ocurrió.

Cuando me enteré de lo que pasaba, me puse en camino con mi camioneta a toda velocidad para ir a buscar al farmacéutico a su casa. Le rogué que volviera conmigo a Bakouma para venderme los productos necesarios para la cesárea. A la vuelta recogimos al enfermero cirujano. Ambas gestiones me llevaron unas dos horas. Compré todos los medicamentos y el material y pagué la cantidad estipulada para la operación. Después fui a la iglesia. Los feligreses me esperaban impacientes para la celebración del Jueves Santo, pero comprendieron la importancia de mi retraso. La paciencia es una gran virtud de los africanos.

Al día siguiente había un señor delante de mi puerta. Era el marido de la embarazada.

—Padre, quisiera darle las gracias y pedirle un gran servicio. Por favor, ¿podría escribir su nombre y apellido en una hoja de papel?

Más tarde me informaron de que habían asignado mi nombre y mi apellido a su hijo, que había nacido milagrosamente el Jueves Santo. Casos similares de niños que llevan mi nombre y mi apellido se multiplicaron posteriormente por diversas razones, lo que significa que en el futuro, cualquiera que no disponga de la información adecuada, puede concluir que un tal sacerdote llamado Gaétan Kabasha ha ido dejando un montón de niños en cierto rincón del mundo...

Así es como pasaba mis días, divididos entre la evangelización y el desarrollo. Cuando Serena regresó a su Italia natal, publicó ese artículo sobre la pastoral del ladrillo, haciendo referencia a esa forma de combinar la construcción de los hombres con la de los edificios.

Un poco más tarde, pensé que el exceso de trabajo era la causa de unos dolores de cabeza que no cesaban. En realidad, luego descubrí que era sinusitis, pero no se podía descartar una sobrecarga, dado el ritmo y las condiciones en las que trabajaba. Mientras luchaba por encontrar la causa de mis dolores de cabeza, algunas de las voces más cercanas a mí comenzaron a señalar la brujería, como no podía ser de otra manera. Si no hubiera confiado en el Señor, podría haber terminado en la casa de un curandero tradicional ingiriendo pociones antiembrujo.

El final de la misión

Después de ocho años plenamente comprometido en aquel lugar al servicio de la Iglesia y del pueblo, sentí la necesidad de pasar el testigo. Desde mi infancia había querido realizar estudios avanzados e incluso convertirme en profesor. Cuando entré en el Seminario Mayor descubrí la filosofía, que inmediatamente me cautivó. A partir de entonces, mi deseo fue profundizar en esa rama del saber hasta donde fuera posible. Por eso hablé con el obispo, y con él tomé la decisión de continuar mis estudios de filosofía en España, y después seguir la misión en este país. Fue mi manera de cerrar una etapa y abrir otra. En realidad, es posible que de nuevo se tratara de una de esas intuiciones mías, ya que unos meses después estalló una guerra terrible en el país.

Sentía que había cumplido en poco tiempo la misión que la Iglesia me había encomendado en un lugar tan especial. Antes de dejar Madrid para ir a Bangassou, me había propuesto el objetivo de dedicarme tanto a la evangelización como al desarrollo. Era para mí la única manera de sentirme realizado como sacerdote y como africano. No podía concebir un servicio sacerdotal en un lugar como ese sin elevar a los débiles al esplendor del Dios eterno y llevar alivio a mis hermanos africanos. En cierto modo, mi convicción coincidía con la máxima de san Daniel Comboni: «África desarrollará a África». De hecho, sigo convencido de esta verdad: si los africanos no hacen nada por su continente, nadie lo hará por ellos.

Al final del año pastoral de 2011, organizamos una misa de despedida con todos los católicos de Bakouma en presencia del obispo, que había querido participar en ese acontecimiento único. La alegría se mezcló con la tristeza. Incluso los protestantes y los musulmanes quisieron acudir. Hacia el final de la misa impuse las manos a todos, desde jóvenes hasta mayores, en un ambiente de devoción y emoción indescriptibles. ¿Quién no querría recibir la bendición final de quien, durante años, había intentado convencerles de que el Espíritu Santo tenía poder sobre todos los espíritus? Durante aquel momento de singular importancia, experimenté una gran felicidad en mi interior y me sentí unido profundamente a esos cristianos.

Hacia la tarde, aprovechando la calma en el recinto parroquial, me marché de allí, no solo para escapar de quienes querían que me quedara con ellos, sino también para no quedar atrapado en la tristeza por la separación de quienes había amado y siempre amaré. Aunque la decisión de partir había sido tomada por razones justificadas, la sensación de no volver a ver nunca más a esos humildes ancianos, a esos niños, a esos hombres y mujeres que me habían acogido en su entorno como a un hijo adoptivo, me llenaba de pena. Cuando me fui, supe que tampoco volvería a ver nunca a mis cabras, a mis ovejas, a mis gallinas, al ganado que había alimentado y que me había alimentado también. Ya no escucharía el croar de los sapos al anochecer, el silbido de las serpientes muy cerca de casa, el canto del búho que pasaba la noche en un árbol cerca de la iglesia, los sonidos estridentes de insectos de todo tipo... Adonde iba, sabía que no había nada de eso. No más encuentros con hechiceros; no más viajes llenos de adrenalina; no más caídas de moto; no más proyectos que surgían por todas partes para consumir mis energías. Y, sobre todo, no más misas en un cobertizo frente a un pueblo piadoso y humilde.

Mientras viajaba hacia Bangassou para luego ir a Bangui y a España, pensaba en todo ese tiempo que había pasado en Bakouma. Me preguntaba si mis mejores años como sacerdote no habrían transcurrido allí, con ese pueblo que me había mostrado tanto amor y respeto. Los pobres saben ser muy generosos y dan lo poco que tienen. Seguía recordando los momentos agradables de mi llegada a un pueblo lejano, los encuentros con gente sencilla, las charlas con campesinos humildes, la mirada pura e inocente de los niños, la sabiduría ancestral de los mayores...

Lejos del mundo desarrollado, tuve momentos de especial conexión con la belleza de la naturaleza creada por Dios. Había sido testigo de la armonía de la creación, donde las criaturas en su diversidad cantan al unísono la gloria de Dios. Flores, arroyos, rocas, estrellas..., todo es testimonio de la vida y todo es reflejo de su Creador. Había rezado y cantado en los caminos tortuosos de la selva; había sentido el cansancio de cada viaje y había experimentado la derrota ante ciertas circunstancias pero, sobre todo, había sentido alegría y paz.

Sigo convencido de que mis mejores años de sacerdocio fueron los que pasé en esos rincones perdidos del bosque, lejos del radar de los medios, lejos de todo, pero cerca de la gente humilde y pobre. Dios nunca estuvo lejos en mis caminos sinuosos, en el barro de mi moto o durante los pinchazos de la camioneta, bajo la lluvia o durante mis encuentros con extrañas criaturas que me observaban a veces con miedo, a menudo con curiosidad. Dios siempre me ayudó ante las diversas amenazas, las realidades incomprensibles de la brujería, los duros golpes que nunca faltan en la vida, las decepciones, y también, cómo no, la alegría de cada día.

Durante mis años de estancia en Bakouma descubrí la profundidad del hombre y su inmenso misterio. Me asomé a la complejidad de las culturas humanas que configuran las diferentes mentalidades. Fui testigo de cómo la naturaleza es rica y peligrosa al mismo tiempo cuando no sabemos abordarla con respeto. Y, sobre todo, experimenté el amor insondable de Dios y su resplandor a mi alrededor cuando me dejaba guiar por la fuerza de su Espíritu.

¡Gloria a Dios en las alturas y paz en la tierra a los hombres de buena voluntad!

Gaétan Kabasha
31 de marzo de 2024
Domingo de Resurrección